应用型本科院校"十二五"规划教材/经济管理类

The Simulation Practical Training Course of Fundamental Accounting

基础会计模拟实训教程

主编　陈红梅　苏善江

哈爾濱工業大學出版社
HARBIN INSTITUTE OF TECHNOLOGY PRESS

内容提要

"基础会计模拟实训教程"是一门将会计理论与会计实务融为一体，以培养学生基本专业技能为根本宗旨的必修实践课。本书以《企业会计准则》和《会计基础工作规范》为依据，以企业经济活动为线索，模拟从原始凭证的填制、审核，记账凭证的填制、审核，明细账和总账的登记，错账更正到资产负债表和利润表的编制等完整的会计循环流程。

本书可作为应用型本科院校经济管理类专业的实训教材，也可作为从业人员学习、训练用书，既适用于课堂实验教学，又适用于自学者练习。

图书在版编目(CIP)数据

基础会计模拟实训教程/陈红梅，苏善江主编.
—哈尔滨：哈尔滨工业大学出版社，2011.8(2013.7重印)
应用型本科院校规划教材
ISBN 978-7-5603-3328-1
Ⅰ.①基… Ⅱ.①陈… Ⅲ.①会计学-高等学校-教材 Ⅳ.①F230
中国版本图书馆CIP数据核字(2011)第121491号

策划编辑 赵文斌 杜 燕
责任编辑 刘 瑶
出版发行 哈尔滨工业大学出版社
社 址 哈尔滨市南岗区复华四道街10号 邮编 150006
传 真 0451-86414749
网 址 http://hitpress.hit.edu.cn
印 刷 哈尔滨工业大学印刷厂
开 本 880mm×1230mm 1/16 印张 13.25 总字数 350千字
版 次 2011年8月第1版 2013年7月第2次印刷
书 号 ISBN 978-7-5603-3328-1
定 价 26.80元

前　言

随着市场经济的发展和企业管理水平的不断提高,社会对会计人员需求越来越大,对会计从业人员的业务素质、业务能力和业务水平的要求也越来越高。现代企业对效率的追求,要求会计人员一上岗便能独立工作,这使得具备一定职业判断能力和动手能力的中、高级会计人员成为备受企业欢迎的人才。因此,会计专业的学生在毕业后,必须以尽可能短的“磨合期”来适应会计工作岗位的要求,能够独立地开展会计业务工作。会计模拟实训就是为了提高会计学专业学生的专业素质和核算技能而设置的,是会计学专业教学的重要环节之一。

本教材是与《基础会计》教材配套的模拟实训教学用书,根据基础会计理论课程内容分单元编写。本实训教程的业务设计完全遵照了《企业会计准则(2006)》、《企业内部控制基本规范》、《会计基础工作规范》等的规定,同时符合基础会计教学内容的要求。

本实训教程设计了10项实训内容,要求学生掌握包括会计书写规范、原始凭证的填制与审核、借贷记账法、记账凭证的填制和审核、账簿的设置和登记、错账更正、对账与结账、银行存款余额调节表、编制资产负债表、编制利润表的专业知识,全面提高学生的专业素养。

本实训的特色在于:

1. 划分了实训模块,明确了每一模块的教学内容,便于教师灵活组织教学。

2. 具有针对性。本实训是针对会计专业及经济管理类各专业学生学习参考,将实训中各环节的技术性操作的相关理论知识在实训指导部分进行讲解,并提供样式供学生参考,将企业会计核算实践以模拟实训方式提供给学生训练,理论与实践紧密结合并提供了详细的实训指导,便于教师统一教学要求,也便于学生快速掌握实训要领。

3. 本实训所选经济业务比较简单,只要学生掌握了复式记账法和借贷记账法的基本原理便能进行操作。其内容通俗易懂,可操作性强。它不仅有利于基础会计教学,也有利于财务会计等后续课程的教学。

4. 突出实训资料的系统性。本教材在各单项实训中,所选用的经济业务资料前后一致,保证了会计核算程序的连贯性,从而更增强了学生对会计核算过程的了解。

本书由陈红梅、苏善江担任主编。编写分工如下:陈红梅负责第一章、第三章【实训一】至【实训四】的编写;苏善江负责第二章、第三章【实训五】至【实训十】及附录的编写。全书由陈红梅统筹,并且进行了修改及定稿。

由于实训教学涉及多项教学内容,编者认知水平的局限,书中难免有不妥之处,恳请广大师生批评指正,以便于本书的不断完善。

编　者

2011年4月

目　录

第一章　总　论

“基础会计”是会计学科的基本课程，主要介绍会计的基本理论和基本操作原理。这门课程不仅要求学生在学习过程中掌握系统的会计理论知识和会计核算的原理，还要求学生熟练、规范地掌握会计凭证的编制、会计账簿的登记、会计报表的编制等操作，为日后专业课程的学习奠定坚实的基础。鉴于此，“基础会计模拟实训”是学习了“基础会计”课程后所做的实训课程，它是一门将会计理论和会计实践融为一体，以培养学生专业技能为宗旨的必修实践课程。

第一节　基础会计模拟实训的目的

《基础会计模拟实训教程》是为提高会计专业学生的专业素质和核算技能而设置的实践环节。本实训教程可单独作为专业实践教学环节，也可结合专业课程进行，一般需在修完会计专业的基础专业课后安排学习。通过模拟实验的操作，使学生比较系统地练习并最终掌握企业会计核算的基本程序和具体方法，加强学生对所学专业理论知识的理解，培养实际动手操作能力，提高运用会计基本技能的水平，为学生今后走上工作岗位从事实务工作奠定基础。

一、模拟实训的目的

1. 通过模拟实训，掌握会计操作的基本技能

在会计实训的仿真模拟环境中，学生将根据实训内容的要求，自己动手，亲历从填制原始凭证、编制记账凭证、登记账簿到编制会计报表的全过程，要求学生掌握基础会计的基本理论和基本核算技能。因此，基础会计模拟实训是对学生所学会计核算方法的综合检验，并通过实训全面提高学生的会计操作技能。

2. 通过实际操作，锻炼和提高学生的实际工作能力

会计专业属于应用型专业，会计学是一门理论性和实践性都很强的学科，在教学过程中，存在与实际工作相脱节的问题。通过会计实训教学对学生进行技能实训，在教师的指导下，用企业财务部门使用的真实凭证、账表，按照《会计人员工作规则》和有关制度规定让学生进行实际、全面系统的操作演练，可提高学生尽快适应实际工作的能力，为将来上岗工作奠定良好基础。

3. 通过模拟实训培养学生良好的工作作风和职业道德

财务部门是企业重要的经济部门，是企业经济信息中心。财务人员应有良好的工作作风和职业道德，做到爱岗敬业、诚实守信、坚守岗位、勤恳努力、认真踏实、一丝不苟。这些在日常的专业理论教学中学生体会不深，通过会计实训进行技能训练，要求学生如同走进办公室工作一样，做到严谨、认真、整洁、高效，使学生养成良好的职业道德和严肃认真的工作作风。

4. 通过实训报告的撰写，提高学生的写作水平和分析解决问题的能力

实训报告是完成实训的书面总结，实训结束后，应当写出实训报告。实训报告包括：实训目的、实训内容、要求和步骤、实训时间、实训体会、建议等；实训报告要求文字精炼、通畅、层次分明，并尽可能深入探讨实训中所发现的问题。因此，通过撰写实训报告，既可以促进学生钻研业务，掌握有关会计准则和制度，提高政策水平和业务的能力,又可提高写作水平与分析解决问题的能力。

二、模拟实训的主要任务

(1)基础书写实训。

(2)根据《基础会计模拟实训教程》所提供的资料,填制与审核原始凭证。

(3)根据《基础会计模拟实训教程》所提供的资料(原始凭证),完成记账凭证的填制与审核。

(4)设置各种账簿,包括:现金、银行存款日记账、明细账和总账。

(5)编制科目汇总表,并登记总账。

(6)对账和结账,并进行试算平衡。

(7)编制银行存款余额调节表。

(8)编制会计报表等一套完整的会计核算程序的工序。

(9)对会计资料进行装订,整理成册。

第二节 基础会计模拟实训概述

一、基础会计模拟实训的一般要求

(一)对教师的一般要求

基础会计模拟实训是培养和提高学生专业技能的关键。为保证实践教学正常运行,对于实训指导教师的要求是:会计专业理论扎实,会计实践经验丰富,熟悉会计法规以及相关知识;每次实训要做到有计划、有控制、有指导、有实训成绩。教师对实训课要像上理论课一样严肃认真,对整个实训过程要作具体指导,以便学生顺利完成实训任务。

(二)对学生的一般要求

对学生的一般要求包括道德要求和技术性要求两个方面。

1.道德要求

(1)基础会计模拟实训的操作过程要符合会计法规;

(2)基础会计模拟实训的账务处理要符合会计核算原理;

(3)学生在进行基础会计模拟实训时态度要端正,目的要明确,作风要踏实,操作要认真,以一个会计人员的身份参与实训。

2.技术性要求

(1)会计凭证、会计账簿、会计报表项目的填制要准确、完整;

(2)会计凭证、会计账簿、会计报表的文字、数字书写要清晰、工整、规范;

(3)会计凭证、会计账簿、会计报表的填制(编制)要及时;

(4)会计凭证、会计账簿、会计报表的填制除按规定必须使用红墨水书写外,所有文字和数字都应使用蓝黑(或黑)墨水书写,不准使用铅笔和圆珠笔(需套写原始凭证除外);

(5)会计凭证、会计账簿、会计报表的操作出现错误,必须按规定方法进行更正,不得涂改、刮擦、挖补或用褪色药水消除字迹;

(6)会计凭证、会计账簿、会计报表等会计资料须及时整理,装订成册,归档保管。

二、基础会计模拟实训的步骤

基础会计模拟实训的整个过程可分为实训准备阶段、实训操作阶段和总结阶段。

1. 实训准备阶段

(1)实训指导教师应指导学生学习《基础会计模拟实训教程》,让学生明确实训目的、要求以及证、账、表的操作标准;准备齐全实训所需的证、账、表等材料;

(2)学生须准备齐全实训所需的证、账、表、笔、算盘、印鉴等用品用具。

2. 实训操作阶段

在实训指导教师的具体指导下,学生应认真完成实训任务。以基础会计综合实训为例说明实训的具体操作:

(1)建账。根据模拟企业账户的期初余额及有关资料开设总分类账、明细分类账及日记账。

(2)填制记账凭证。根据审核无误的原始凭证填制收款凭证、付款凭证和转账凭证。

(3)登账。根据记账凭证及所附原始凭证逐笔顺序登记日记账、明细分类账和总分类账。

(4)结账与对账。月终,结出现金日记账、银行存款日记账、各种明细分类账和总分类账的发生额和余额,并将总分类账的余额与日记账的余额、明细账的余额核对相符。

(5)编制报表。月终,根据总分类账和明细分类账的余额编制资产负债表;根据损益类账户的发生额编制利润表。

(6)学生对所填制的凭证、账簿、报表进行系统整理,并装订成册。

3. 总结阶段

学生操作完毕后,实训指导教师和学生应当及时进行总结。总结工作包括:

(1)学生撰写实训总结报告(主要谈对实验的收获);

(2)实训指导教师对整个实训进行总结;

(3)实训指导教师评定学生实训成绩。

三、实训时间的安排

在学生学完“基础会计”全部课程后,单独安排一周时间进行基础会计综合实验。时间大致可这样安排:准备阶段 0.5 天;实际操作 4 天;统一装订、总结 0.5 天。

四、实训的考核

1. 考核标准

(1)准确填制原始凭证;

(2)准确填制记账凭证;

(3)准确设置和登记现金日记账、银行存款日记账;

(4)准确设置和登记各种明细账;

(5)准确设置和登记总账;

(6)准确编制资产负债表;

(7)准确编制银行存款余额调节表;

(8)准确编制资产负债表和利润表。

2. 模拟实训考核办法

基础会计模拟实训是会计专业学生的必修课,实训成绩单独考核。指导教师根据每个学生在实训期间的综合表现,按优秀、良好、中等、及格、不及格五级考核评定成绩。

第二章　实训资料

第一节　会计主体的基本情况及核算制度

一、企业概况

(1)企业名称:哈尔滨宏鹏电子有限公司。
(2)公司性质:工业企业,生产的产品为A、B、C。
(3)税务登记号:125301003412297701 37。
(4)开户银行:工商银行哈尔滨市南岗区大直支行。
(5)账号:230422130。
(6)经营范围:电子产品。
(7)法定代表人:董事长佟湘玉。
(8)会计主管:吕轻候。
(9)会计:白展堂。
(10)出纳:郭芙蓉。
(11)联系方式。地址:哈尔滨市南岗区和友路338号。电话:0451－33837100。

二、企业会计政策及会计核算办法

(1)适用于《新会计准则(2006)》。
(2)库存现金限额为110,000元。
(3)银行存款开立一个结算账目。
(4)该公司为一般纳税人,税率为17%。
(5)企业所得税税率为25%。
(6)采用一次报销备用金(用其他应收款科目)制度。

第二节　会计事项及账目资料

2008 年 11 月 30 日的各总账及相关明细账期初余额如下：

一、总账账户期初余额

账户名称	期初金额(元)	账户名称	期初金额(元)
库存现金	105,000.00	短期借款	1,000,000.00
银行存款	1,600,000.00	应付账款	300,000.00
应收账款	350,000.00	应付职工薪酬	100,000.00
预付账款	8,000.00	应付利息	5,000.00
其他应收款	30,000.00	应交税费	16,500.00
原材料	50,000.00	其他应付款	1,000.00
库存商品	2,240,000.00	本年利润	2,500,000.00
生产成本	80,000.00	实收资本	4,000,000.00
周转材料	8,000.00	资本公积	43,500.00
固定资产	5,500,000.00	盈余公积	80,000.00
累计折旧	1,500,000.00	利润分配	350,000.00
在建工程	35,000.00		
合　　计	8,396,000.00	合　　计	8,396,000.00

二、明细账户期初余额

明细账户	期初余额(元)
应收账款－东轻公司	100,000.00
－东安公司	150,000.00
－哈飞	100,000.00
应交税费－应交教育费附加	450.00
－应交城建税	1,050.00
－应交增值税	15,000.00
应付账款－星光厂	100,000.00
－兴盛厂	50,000.00
－醒目有限公司	20,000.00
－新华有限公司	130,000.00
其他应付款－保洁费	1,000.00
周转材料－包装物	5,000.00
－低值易耗品	3,000.00
生产成本－A 产品	30,000.00
－B 产品	20,000.00
－C 产品	30,000.00
其他应收款－大黄	5,000.00
－小杨	10,000.00
－大黑	15,000.00

三、"库存商品"明细账户期初余额

产品名称	单位	数量	单价(元)	金额(元)
A	件	5 000	300	1,500,000.00
B	件	1 000	50	50,000.00
C	件	3 000	230	690,000.00
合　计				2,240,000.00

四、"原材料"明细账户期初余额

原材料名称	单位	数量	单价(元)	金额(元)
甲	kg	3 000	5	15,000.00
乙	件	4 000	4	16,000.00
丙	片	3 000	3	9,000.00
合　计				40,000.00

第三章　实训部分

【实训一】　会计书写规范训练

一、实训目的

通过本次实训，掌握阿拉伯数字的标准写法；掌握汉字大写的标准写法；掌握大小写金额的写法及其转换；做到书写规范、清晰、流畅。

二、实训步骤

(1)分组，每组选取同学在黑板的两边书写演示阿拉伯数字的大小写；

(2)根据书写结果，进行点评；

(3)老师总结。

三、实训要求

(1)书写技能训练；

(2)会计工作的数字书写；

(3)会计工作的汉字书写；

(4)金额大、小写的表示方法。

四、实训指导

(一)会计文字书写规范

1. 文字书写要求

(1)用文字对所发生的经济业务简明扼要地叙述清楚，文字不能超过各书写栏。书写会计科目时，要按照会计制度的有关规定写出全称，不能简化、缩写，并且子目、明细科目也要准确、规范。

(2)书写字迹清晰、工整。书写文字时，可用正楷或行书，但不能用草书，要掌握每个字的重心，字体规范，文字大小应一致，汉字间适当留间距。

(3)填制会计凭证、登记账簿和编制会计报表等，应使用钢笔或碳素笔，用蓝色或黑色墨水，禁止使用圆珠笔或铅笔；按规定需要书写红字的，用红色墨水，需要复写的会计凭证、会计报表,可使用圆珠笔。

2. 中文金额大写的表示方法

中文大写数字笔画多,不易涂改,主要用于填写需要防止涂改的销货发票、银行结算凭证等信用凭证,书写时要准确、清晰、工整、美观,如果写错,要标明凭证作废,需要重新填凭证。

(1)中文大写数字写法。中文分为数字(壹、贰、叁、肆、伍、陆、柒、捌、玖)和数位[拾、佰、仟、万、亿、元、角、分、零、整(正)]两个部分。中文书写通常采用正楷、行书两种。会计人员在书写中文大写数字时,不能用0(另)、一、二、三、四、五、六、七、八、九、十等文字代替大写金额数据。

(2)中文大写数字的基本要求如下:

大写金额由数字和数位组成。数位主要包括:元、角、分、人民币和拾、佰、仟、万、亿以及数量单位等。

①大写金额前若没有印制"人民币"字样的,书写时,在大写金额前要冠以"人民币"字样。"人民币"与金额首位数字之间不得留有空格,数字之间更不能留存空格,写数字与读数字顺序要一致。

②人民币以元为单位时,只要人民币元后分位没有金额(即无角无分时,或有角无分),应在大写金额后加上"整"字结尾;如果分位有金额,在"分"后不必写"整"字。例如,58.69元,写成:人民币伍拾捌元陆角玖分。因其分位有金额,在"分"后不必写"整"字。又如,58.60元,写成:人民币伍拾捌元陆角整。因其分位没有金额,应在大写金额后加上"整"字结尾。

③如果金额数字中间有两个或两个以上" 0 "字时,可只写一个"零"字。如金额为800.10元,应写为:人民币捌佰元零壹角整。

④表示数字为拾几、拾几万时,大写文字前必须有数字"壹"字,因为"拾"字代表位数,而不是数字。例如,10元,应写为:壹拾元整。又如,16元,应写成:壹拾陆元整。

⑤大写数字不能乱用简化字,不能写错别字,如"零"不能用"另"代替,"角"不能用"毛"代替等。

⑥中文大写数字不能用中文小写数字代替,更不能与中文小写数字混合使用。

(3)中文大写数字错误的订正方法。中文大写数字写错或发现漏记,不能涂改,也不能用"划线更正法",必须重新填写凭证。

(二)会计数字书写规范

在世界各国的会计记录中,通常采用的数字是阿拉伯数字。阿拉伯数字书写规范是指要符合手写体的规范要求。

1. 书写要求

(1)书写阿拉伯数字,应紧靠底线书写,字体要自右上方斜向左下方,有倾斜度。字与字之间的距离要相同,大约空出半个数字的位置,数字之间不许连写。

(2)每个数字要紧贴底线书写,但上端不可顶格,其高度约占全格的1/2~2/3的位置,要为更正错误数字留有余地。除6、7、9外,其他数字高低要一致。写6上出头,写7和9下出头,并超过底线,出头的长度约为一般字体高度的1/4;写0时,字高、字宽要与其他数字相同;写6、8、9、0时,圆圈必须封口。

(3)书写每个数字排列有序,并且数字要有一定倾斜度。各数字的倾斜度要一致,一般要求上端一律向右顺斜45°到60°。

(4)书写数字时,各数字从左至右,笔画顺序是自上而下,先左后右,并且每个数字大小一致,数字排列的空隙应保持一定且同等距离,每个字上、下、左、右要对齐,在印有数位线的凭证、账簿、报表上,每一格只能写一个数字,不得几个字挤在一个格里,更不能在数字中间留有空格。

(5)会计数字的书写必须采用规范的手写体书写,这样才能使会计数字规范、清晰,符合会计工作的要求。

(6)会计工作人员要保持个人的独特字体和书写特色,以防止别人模仿或涂改。会计数字书写时,除4和5以外的数字,必须一笔写成,不能人为地增加数字的笔画。

(7)不要把0和6,1和7,3和8,7和9书写混淆。在写阿拉伯数字的整数部分,可以从小数点向左按照“三位一节”用分位点“,”分开或加1/4空分开。如8,541,630或8 541 630。

(8)阿拉伯数字表示的金额为小写金额,书写时,应采用人民币符号“¥”。“¥”是汉语拼音文字元(yuan)第一个字母缩写变形,它既代表人民币的币制,又表示人民币“元”的单位。所以,小写金额前填写人民币符号“¥”以后,数字后面可不写“元”字。

需要注意的是:“¥”与数字之间不能留有空格。书写人民币符号时,要注意“¥”与阿拉伯数字的明显区别,不可混淆。在填写会计凭证、登记会计账簿、编制会计报表时,数字必须要按数位填入,金额要采用“0”占位到“分”为止,不能采用划线等方法代替。

2. 书写错误的订正方法

书写数字发生错误时,要严禁采用刮、擦、涂改或采用药水消除字迹方法改错,应采用正确的更正方法进行更正。更正的方法叫划线更正法,即将错误的数字全部用单红线注销掉,并在错误的数字上盖章,而后在原数字上方对齐原位填写出正确的数字。

五、实训资料

(1)填写一张现金支票,从开户银行提取5,000元作为备用金。
(2)书写阿拉伯数字1~10。
(3)书写中文大写金额壹到零。

六、实训材料

(1)现金支票一张。
(2)三栏式账页纸一张。
(3)会计基础工作规范。
具体图表如下所示。

中国工商银行
现金支票存根（黑）

XVI 002913562

附加信息

出票日期：　年　月　日

收款人：

金　额：

用　途：

单位主管：　会计：

中国工商银行 现金支票（黑）　XVI 002913562

出票日期：　年　月　日　　付款行名称：

收款人：　　出票人账号：

本支票付款期限十天

人民币（大写）	百	十	万	千	百	十	元	角	分

用途________

上列款项请从

我账户内支付

出票人签章　　复核　　记账

年		凭证号数	摘要	借方									贷方									借或贷	余额								
月	日			百	十	万	千	百	十	元	角	分	百	十	万	千	百	十	元	角	分		百	十	万	千	百	十	元	角	分

【实训二】 原始凭证的填制与审核

原始凭证又称单据,是在经济业务发生或完成时取得或填制的,用于记录或证明经济业务的发生或完成情况的书面证明,是记账的原始依据,也是会计核算的重要资料,具有法律效力。在会计实务中,原始凭证的种类繁多,格式各异,反映的具体内容也各种各样,但是每一原始凭证一般都应具备以下基本要素:

(1)原始凭证的名称;

(2)原始凭证的填制日期和编号;

(3)填制和接受凭证的单位名称;

(4)经济业务的内容及实物规格、单位、数量和金额;

(5)填制凭证的单位及有关人员签章。

在会计实务中,财会人员一方面要填制和出具原始凭证,另一方面又要接受和审核原始凭证。原始凭证的填制要求做到记录真实、内容完整、书写清楚、填制及时;原始凭证的审核是一项严肃、细致的工作。因此,正确填制和严格审核原始凭证是会计核算的一项基本技能。

一、实训目的

通过本实训,使学生掌握原始凭证应具备的基本要素,熟悉部分有代表性的原始凭证基本格式,掌握填制和审核原始凭证的基本操作技能。

二、实训步骤

(1)熟悉经济业务。在填制原始凭证之前,要熟悉实训资料中每笔经济业务,对经济业务发生的条件、原因、制度规定和情况有所了解。

(2)填制原始凭证。在熟悉经济业务的基础上,逐笔填制原始凭证。

(3)检查原始凭证。对填制完毕的原始凭证,要逐笔检查业务手续是否健全。

(4)对填制的原始凭证进行审核。

(5)对审核后的原始凭证进行处理。对于符合要求的原始凭证,应按规定及时办理会计手续;对于业务真实但不符合要求的原始凭证,应指明存在的问题,予以退回补正;对于不合法和不合理的原始凭证,应指出其错误,拒绝接受办理。

三、实训要点

(1)原始凭证的填制要求。

(2)原始凭证的审核要求。

四、实训要求

原始凭证既是具有法律效力的书面证明,又是进行会计处理的基础。为此,填制原始凭证时必须严格遵守以下要求:

(1)真实可靠。即如实填列经济业务的内容和数字,不得弄虚作假,不涂改和挖补。随意涂改原始凭证即为无效凭证,不能作为填制记账凭证和登记账簿的依据。

(2)内容完整。即应该填写的各项内容,都要填写齐全,不得遗漏。需注意的是年、月、日要按照填制原始凭证的实际日期填写;名称要写全,不能简化;品名或用途要填写明确,不能含糊不清;有关经办业务人员的签章必须齐全。

(3)填制及时。即每当一项经济业务发生或完成,都要立即填制原始凭证,做到不积压、不误时、不事后补制。

(4)书写清楚。原始凭证上的数字、文字填写必须清晰、正确、易于辨认,不得使用未经国务院公布的简化汉字。大小写金额要符合规定,金额前要写明货币符号,如人民币用“ ¥ ”表示,港币用“ HK $ ”表示,美元用“ US $ ”表示等。金额数写到角、分为止,无角、分的,用“ 0 ”表示。大写金额后无角、分的,在“元”字后用“整”字结尾。原始凭证如填错,不得随意涂改、刮擦、挖补,应按规定方法更正。但对涉及货币资金收付的原始凭证,如有填错,则必须将其作废重填,并将错误的凭证加盖“作废”戳记。

五、实训指导

(一)原始凭证的填制

以下通过几种常用的原始凭证说明其填制方法。

1. 领料单

领料单要“一料一单”地填制,即一种原材料填写一张单据,一般一式四联。第一联为存根联,留领料部门备查;第二联为记账联,留会计部门作为出库材料核算依据;第三联为保管联,留仓库作为记材料明细账依据;第四联为业务联,留供应部门作为物质供应统计依据。领料单由车间经办人员填制,车间负责人、领料人、仓库管理员和发料人均需在领料单上签字,无签章或签章不全的均无效,不能作为记账的依据。

领 料 单

领料部门:一车间　　用途:生产甲产品　　20××年 5 月 10 日　　凭证编号:023

材料编号	材料名称及规格	计量单位	数量		价格		第二联 记账联
			请领	实发	单价	金额	
65214	A 材料	千克	36	36	20.60	741.60	
备注:					合计		

记账:(印)　　审批人:(印)　　领料人:(印)　　发料人:(印)

2. **增值税专用发票**

增值税专用发票一般是一式四联，销货单位两联，一联存有关业务部门，一联作为会计记账凭证；购货单位两联，一联作为结算凭证，一联作为税款的抵扣凭证。填制实例见下表 。

黑龙江省增值税专用发票

发 票 联

开票日期：20××年6月4日　　　　No. 056987512

购货单位	名称	东方股份有限公司	纳税人登记号	56849725894125689
	地址、电话	铜陵皖中四路1号	开户银行及账号	铜陵市工商银行中四支行 564219

商品或劳务名	计量单位	数量	单价	金额								税率%	税额							
				拾	万	千	百	拾	元	角	分		拾	万	千	百	拾	元	角	分
甲材料	吨	90	50			4	5	0	0	0	0					7	6	5	0	0
合计					¥	4	5	0	0	0	0				¥	7	6	5	0	0

价税合计（大写）		伍仟贰佰陆拾伍元整 ¥:5265.00			
销货单位	名称	城南物资公司	纳税人登记号	2589632125468951	
	地址、电话	南岸区 ×× 路52号	开户银行及账号	铜陵市工商银行 ×路支行 256130	
备注					

第二联　发票联　购货方记账

销货单位(章)：(印)　　收款人：王芳　　复核：陈强　　开票人：许海峰

3. 限额领料单

此单由生产、计划部门根据下达的生产任务和材料消耗定额，按每种材料用途分别开出，一单一料。填制实例见下表。

限额领料单

领料部门：一车间　　　　发料仓库：2 号库

用途：生产用　　　　20××年 6 月　　　　编号：021

材料编号	材料名称	规格	计量单位	领用限额	单价	全月实用	
						数量	金额
1201	钢材	20mm 圆钢	千克	1,000	5 元	950	4,750

领料日期	请领数量	实发数量	领料人签章	发料人签章	限额结余
4	200	200	姚远	张生	800
9	300	300	姚远	张生	500
15	200	200	姚远	张生	300
23	100	100	姚远	张生	200
28	150	150	姚远	张生	50
合计	950	950			

供应部门负责人：张生　　　　生产部门负责：李强　　　　仓库管理员：王小二

4. 发料凭证汇总表

此表是根据领料单按部门及材料类别编制而成的。填制实例见下表。

发料汇总表

附领料单 25 份　　20××年 6 月 30 日　　单位:元

会计科目	领料部门	原材料	燃料	合计
基本生产成本	一车间	5,000	10,000	15,000
	二车间	8,000	14,000	22,000
	小 计	13,000	24,000	37,000
辅助生产成本	供电车间	7,000	2,000	9,000
	锅炉车间	—	4,000	4,000
	小 计	7,000	6,000	13,000
制造费用	一车间	400	—	400
	二车间	600	—	600
	小 计	1,000	—	1,000
管理费用		200	300	500
合计		21,200	30,300	51,500

会计主管:　　审核:　　制单:

5. **工资费用分配表**

此表根据工资单等人工费用记录编制。填制实例见下表 。

工资费用分配表

20××年5月31日　　　　单位:元

车间、部门		应分配金额
车间生产人员工资	甲产品	85,624.00
	乙产品	90,256.00
车间管理人员		20,000.00
厂部管理人员		32,000.00
专设销售机构人员		9,600.00
在建工程人员		5,200.00
合计		242,680.00

(二)原始凭证的审核

《中华人民共和国会计法》规定,会计机构、会计人员必须审核原始凭证,这是法定职责。审核原始凭证时,应当按照原始凭证的要求进行,即审核原始凭证的填制是否及时,内容是否真实完整,书写是否清楚规范,项目是否填写齐全,经济内容填制是否正确、完整、清晰,数字填写是否规范,计算是否准确,大小写金额是否一致等,有无涂改、刮擦、挖补等伪造凭证的情况,还要审核有关部门人员是否签章等。

在会计实务中,对接受的原始凭证的审核主要应从真实性、合法性、准确性和完整性四个方面进行。

所谓真实,就是原始凭证应如实反映经济业务的本来面貌,不得掩盖、歪曲和捏造。首先,经济业务的双方当事单位和当事人必须是真实的;其次,经济业务发生的时间、地点和填制凭证的日期必须是真实的;再次,经济业务的内容必须是真实的;最后,经济业务的实物量和价值量必须是真实的。

所谓合法,就是原始凭证所反映的经济业务必须符合国家政策、法令以及会计法规、制度和预算的规定。首先,不真实的原始凭证,如假发票、假收据、假车票等均是不合法的;其次,虽真实但制度不允许报销的也是不合法的,如个人因私购买物品、外出旅游而用公款报销等;再次,虽能报销但超过规定比例和限额的部分也是不合法的,如职工出差超标准乘坐交通工具、住宾馆,超标准开支医药费等。

所谓准确,就是原始凭证的文字表述和数字计算必须准确无误。首先,文字、数字的书写要清晰、工整、规范,不得潦草,不得任意自造简化字,不得任意省略;其次,人民币符号与阿拉伯金额数字之间不得留有空白,数字前有"¥"的,后面不再写"元"字,汉字大写金额前必须有"人民币"三字,并且,它们之间不得留有空白；再次，数量、单价与金额要计算准确无误，大小写金额应一致；最后，原始凭证必须使用钢笔或圆珠笔填写，支票必须使用碳素墨水，并且数字不得更正。

所谓完整，就是原始凭证应具备的要素必须完整，手续必须齐全。比如，双方经办人员必须签名或盖章；发票上应该印有税务专用章和财务公章；事业、行政单位收费应该开具的是财政部门统一印制的收据；购买实物的凭证必须有验收证明或使用证明人签章；支付款项的凭证必须有收款单位或收款人的收款证明；需经领导签名批准的凭证应该有领导的亲笔签名；填制退货发票退款时，必须取得对方的收款收据或汇款银行的凭证；职工因公出差，应填写正式借据，报销差旅费冲销或归还借款时，应由财会人员另开收据；经过上级批准的经济业务，应将批准文件作为原始凭证附件；若批准文件需单独保管，应在凭证上注明批准机关名称、日期和文件字号；购买的是专控商品，除了必须通过银行转账，取得汇款凭证、销货发票、本单位验收或使用证明外，还必须附有社会集团购买力专控办公室签发的批文。

总之，在会计实务中，财会人员必须对接收的原始凭证进行全面的、认真的、严格的审核。经过审核，对符合要求的，应及时办理会计手续，并据以进行账务处理；对于不真实、不合法的原始凭证，应该不予受理；对于记载不准确、不完整的原始凭证，应该予以退回，要求更正、补充。

六、实训资料

哈尔滨宏鹏电子有限公司 12 月份发生如下经济业务，学生应根据提供的外来原始凭证和自制原始凭证（需在老师的指导下完善），进行相应的账务处理。

（1）1 日，签发现金支票向银行提取备用金 8,000 元。（附件 1）

（2）1 日，收到国家投入资本金 100,000 元，款项存入银行。（附件 2）

（3）2 日，向银行取得 3 个月的借款 10,000 元（暂不考虑相关利息）。（附件 3）

（4）3 日，购现金支票，支付工本费 20 元。（附件 4）

（5）5 日，销售科王一小到上海出差，期限 5 天，借支差旅费 5,000 元，以现金付讫。（附件 5）

（6）5 日，向星光厂购入甲材料 1,000 kg，价款 5,000 元；增值税税率 17%；该厂垫付运杂费 500 元，货款以银行存款支付，材料已验收入库。（附件 6、7、8）

（7）6 日，购入不需要安装的运输设备一台，买价 10,000 元，支付增值税 1,700 元，支付其他费用 2,300 元。可以直接投入使用。（附件 9、10、11）

（8）8 日，向新华有限公司购入乙材料一批共计 46,800 元（含税价），增值税率 17%，货款尚未支付，材料已到达，但尚未验收入库。（附件 12、13）

（9）9 日，向新华公司购买的乙材料验收入库。（附件 14）

（10）10 日，A 产品生产领用甲材料 1,000 kg，乙材料 1,000 kg，B 产品领用甲材料 1,000 kg，车间领用甲材料 500 kg，丙材料 1,000 kg。（附件 15）

（11）12 日，收到外商捐赠设备一台，按国内市场价值 40,000 元入账，该设备为新设备，不需安装，直接交车间使用。为捐赠仪式购红绸 50 元，以现金支付。（附件 16、17）

（12）13 日，以现金支付业务招待费用 121 元。（附件 18）

（13）20 日，处理废品管，收到 7,647 元现金。（附件 19）

（14）21 日，本公司没有履行销售合同，开出转账支票向市新星厂支付违约金和赔偿金，共计 2,300 元。（附件 20、附件 21）

（15）24 日，盘盈固定资产价值 1,000 元，经批准同意结转。（附件 22）

（16）27 日，以现金订购下季度杂志 42 元。（附件 23）

（17）31 日，按应收账款和其他应收款 350,000 元的 0.3% 计提坏账准备金。（附件 24）

附件 1

中国工商银行 现金支票存根（黑） XVI 00200880 出票日期： 年 月 日 收款人： 金 额： 用 途： 单位主管： 会计：	中国工商银行 现金支票（黑） XVI 00200880 出票日期(大写) 收款人： 出票人账号：

人民币（大写）	百	十	万	千	百	十	元	角	分

用途______ 上列款项请从 我科目内支付 出票人签章：	科 目：__________ 对方科目：__________ 转账日期 年 月 日 复核： 记账：

附件 2

中国工商银行进账单（收账通知）

年 月 日

出票人	全 称		收款人	全 称	
	账 号			账 号	
	开户银行			开户银行	

金额	人民币（大写）	亿	千	百	十	万	千	百	十	元	角	分

票据种类		票据张数		
票据号码				
复核 记账				收款人开户银行签章

此联是收款人开户银行交给收款人的收账通知

附件3

（放款）

借款借据（入账通知）

单位编号：　　借款日期：　　年　　月　　日　　借据编号：

<table>
<tr><td rowspan="3">收款单位</td><td>名　称</td><td></td><td rowspan="4">借款单位</td><td>名　称</td><td colspan="10"></td></tr>
<tr><td>往来户账号</td><td></td><td>放款户账号</td><td colspan="10"></td></tr>
<tr><td>开户银行</td><td></td><td>开户银行</td><td colspan="10"></td></tr>
<tr><td colspan="2">借款金额</td><td>人民币</td><td>千</td><td>百</td><td>十</td><td>万</td><td>千</td><td>百</td><td>十</td><td>元</td><td>角</td><td>分</td></tr>
<tr><td>借款原因及用途</td><td colspan="2">购材料</td><td colspan="2">借款计划指标</td><td colspan="10"></td></tr>
<tr><td colspan="3">借款期限</td><td colspan="12" rowspan="6">你单位上列借款，已转入你单位结算户内。借款到期时由我行按期自你单位结算转还。
此致借款单位

（银行盖章）</td></tr>
<tr><td>期次</td><td>计划还款日期</td><td>计划还款金额</td></tr>
<tr><td>1</td><td></td><td>¥</td></tr>
<tr><td>2</td><td></td><td>¥</td></tr>
<tr><td>3</td><td></td><td>¥</td></tr>
<tr><td colspan="3">备注：</td></tr>
</table>

附件4

凭证工本费清单

年　　月　　日

<table>
<tr><td>账号</td><td></td><td>凭证名称</td><td>本数</td><td>单价</td><td>金额</td><td>手续费</td></tr>
<tr><td>单位名称</td><td></td><td>现金支票</td><td></td><td></td><td></td><td></td></tr>
<tr><td colspan="2" rowspan="5">（付款人盖章）</td><td></td><td></td><td></td><td></td><td></td></tr>
<tr><td></td><td></td><td></td><td></td><td></td></tr>
<tr><td></td><td></td><td></td><td></td><td></td></tr>
<tr><td></td><td></td><td></td><td></td><td></td></tr>
<tr><td colspan="5">合计金额（大写）</td></tr>
</table>

附件3

（放款）

借款借据（入账通知）

单位编号：　　　　　　借款日期：　　年　　月　　日　　　　借据编号：

<table>
<tr><td rowspan="3">收款单位</td><td>名　称</td><td></td><td rowspan="5">借款单位</td><td colspan="2">名　称</td><td colspan="8"></td></tr>
<tr><td>往来户账号</td><td></td><td colspan="2">放款户账号</td><td colspan="8"></td></tr>
<tr><td>开户银行</td><td></td><td colspan="2">开户银行</td><td colspan="8"></td></tr>
<tr><td colspan="2" rowspan="2">借款金额</td><td rowspan="2">人民币</td><td>千</td><td>百</td><td>十</td><td>万</td><td>千</td><td>百</td><td>十</td><td>元</td><td>角</td><td>分</td></tr>
<tr><td></td><td></td><td></td><td></td><td></td><td></td><td></td><td></td><td></td><td></td></tr>
<tr><td>借款原因
及用途</td><td colspan="2">购材料</td><td colspan="3">借款计划指标</td><td colspan="8"></td></tr>
<tr><td colspan="3">借款期限</td><td colspan="11" rowspan="6">你单位上列借款，已转入你单位结算户内。借款到期时由我行按期自你单位结算转还。
此致借款单位

（银行盖章）</td></tr>
<tr><td>期次</td><td>计划还款日期</td><td>计划还款金额</td></tr>
<tr><td>1</td><td></td><td>¥</td></tr>
<tr><td>2</td><td></td><td>¥</td></tr>
<tr><td>3</td><td></td><td>¥</td></tr>
<tr><td colspan="3">备注：</td></tr>
</table>

附件4

凭证工本费清单

年　　月　　日

<table>
<tr><td>账号</td><td></td><td>凭证名称</td><td>本数</td><td>单价</td><td>金额</td><td>手续费</td></tr>
<tr><td>单位名称</td><td></td><td>现金支票</td><td></td><td></td><td></td><td></td></tr>
<tr><td colspan="2" rowspan="5">

（付款人盖章）</td><td></td><td></td><td></td><td></td><td></td></tr>
<tr><td></td><td></td><td></td><td></td><td></td></tr>
<tr><td></td><td></td><td></td><td></td><td></td></tr>
<tr><td></td><td></td><td></td><td></td><td></td></tr>
<tr><td colspan="5">合计金额（大写）</td></tr>
</table>

附件 7

全国统一发票监制章

中国外运上海公司
发 票 联(费用结算)

地址:上海市滇池路 74 号　　电话总机:3213103

运输单位:　　　　年　月　日

运输方式

或船名沪港联运　　合约　　品名　　数量

项目	金额								
运输费	十	万	千	百	十	元	角	分	第二联
定额费用									正
装卸/堆存费									本
劳务费									
报关及电脑打单费									
银行手续费									
合计									上述运货　月　日在　　装　运
									单据号码:

中国银行上海市分行　　附件　张　　复核:

附件 8

入库单

收货单位:________　　年　月　日

货品	品名	单位	数量	单价	金额	备注

负责人　　收货　　经手人

附件 5

差旅费报销单

附件：　张　　　　　　　　　　　　年　　月　　日

出差人			共　　人		职务			部门		审批人	
出差事由					出差日期			自　　年　　月　　日 至　　年　　月　　日　　共　　天			
到达地点											
项目金额	交通工具				其他		住宿费	出差补助			
	火车	汽车	轮船	飞机	餐饮费	会议费	住宿/天	天数		金额	
总计人民币(大写)						¥					
原借款金额	报销金额				交结余或超支金额						
					人民币(大写)						

会计主管　　　　　　　　会计　　　　　　　　出纳员

附件 6

全国统一发票监制章

黑龙江省增值税专用发票
发　票　联

购货单位	名　　称： 纳税人登记号： 地址、电话： 开户行及账号：	密码区	

商品或劳务名称	计量单位	数量	单价	金额										税率%	税额									
				千	百	十	万	千	百	十	元	角	分		千	百	十	万	千	百	十	元	角	分
合　　计																								

价税合计(大写)	仟　佰　拾　万　仟　佰　拾　元　角　分	¥：________

销货单位	名　　称： 纳税人登记号： 地址、电话： 开户行及账号：	备注	

第二联购货方作购货的记账凭证

附件 11

中国工商银行（黑）
现金支票存根

XVI 00213463

出票日期：
年　　月　　日

收款人：	
金　额：	
用　途：	

单位主管：　会计：

中国工商银行 现金支票（黑）

XVI 00213463

出票日期（大写）
收款人：　　　　出票人账号：

人民币（大写）	百	十	万	千	百	十	元	角	分

用途______
上列款项请从
我科目内支付

出票人签章：

科　　目：__________
对方科目：__________
转账日期
年　　月　　日
复核：　记账：

固定资产验收单

年　　月　　日　　　　　　　　编号：

名称	规格型号	来源	数量	购（造）价	使用年限	预计残值
安装费	月折旧率	建造单位		交工日期		
				年　月　日		
验收部分		验收人员		管理部门		管理人员
备注						

附件 7

全国统一发票监制章

中国外运上海公司

发　票　联(费用结算)

地址:上海市滇池路 74 号　　　电话总机:3213103

运输单位:　　　　　　年　月　日

运输方式

或船名沪港联运　　　合约　　　品名　　　数量

项　目	金　额								
运输费	十	万	千	百	十	元	角	分	第二联
定额费用									正
装卸/堆存费									本
劳务费									
报关及电脑打单费									
银行手续费									
合计									上述运货　月　日在　装　运
									单据号码:

中国银行上海市分行　　　附件　张　　　复核:

附件 8

入库单

收货单位:________　　　　年　月　日

货品	品名	单位	数量	单价	金额	备注

负责人　　　　收货　　　　经手人

附件 14

入库单

收货单位:____________　　　　　　年　　月　　日

货品	品名	单位	数量	单价	金额	备注

负责人　　　　　　收货人　　　　　　经手人

附件 15

发出材料汇总表

	甲		乙		丙	
	数量	金额	数量	金额	数量	金额
A 产品						
B 产品						
C 产品						
D 产品						
车间消耗						

附件 9

全国统一发票监制章

黑龙江省增值税专用发票

发 票 联

购货单位	名　　称： 纳税人登记号： 地 址 、电 话： 开户行及账号：	密码区	（略）

商品或劳务名称	计量单位	数量	单价	金额										税率%	税额									
				千	百	十	万	千	百	十	元	角	分		千	百	十	万	千	百	十	元	角	分
合　计																								

价税合计（大写）	仟 佰 拾 万 仟 佰 拾 元 角 分	¥：________

销货单位	名　　称： 纳税人登记号： 地 址 、电 话： 开户行及账号：	备注	

第二联　购货方作购货的记账凭证

附件 10

中国工商银行 现金支票存根（黑） XVI 00213463 出票日期： 年　月　日 收款人： 金　额： 用　途： 单位主管：　会计：	中国工商银行 现金支票（黑）　XVI 00213463 出票日期（大写） 收款人：　　　出票人账号：

人民币（大写）	百	十	万	千	百	十	元	角	分

用途______ 上列款项请从 我科目内支付 出票人签章：	科　　目：________ 对方科目：________ 转账日期 年　月　日 复核：　记账：

附件 18

饮食业剪额发票

发　票　联(01093)字

开票日期：　　年　　月　　日　　　　开票单位(加盖发票专用章)　　　　№0902193

项目	单位	数量	单价	金额						
				千	百	十	元	角	分	
人民币(大写)	仟　佰　拾　元　角　分　　¥									②客户收执 填写金额与 元以上剪票 金额不符， 此发票无效
联系电话		开户银行及账号		开票人						
						千元				
						百元				
						拾元				
						元				

附件 19

工业企业通用发票

客户名称：　　　　　　　　　　开票日期：　　年　月　日　　　　No. 0091692

品名或加工修理	规格	单位	数量	单价	金额								由开票人记财务账 备　注
					十	万	千	百	十	元	角	分	
人民币合计(大写)	仟　佰　拾　元　　　¥												
企业名称	(加盖发票专用章)	开户银行 账号		结算方式									
				电话									

地址：　　　　　　　　开票人(章)　　　　　　　收款人(章)

附件 11

固定资产验收单

年　　月　　日　　　　　　　　　　　　　　　　编号：

名称	规格型号	来源	数量	购(造)价	使用年限	预计残值
安装费	月折旧率	建造单位		交工日期		
				年　月　日		
验收部分		验收人员		管理部门		管理人员
备注						

附件 12

黑龙江省增值税专用发票

发票联

2012 年 12 月 8 日

购货单位	名　　称： 纳税人登记号： 地 址 、电 话： 开户行及账号：	密码区	

商品或劳务名称	计量单位	数量	单价	金额										税率%	税额									
				千	百	十	万	千	百	十	元	角	分		千	百	十	万	千	百	十	元	角	分
合　计																								

价税合计(大写)　　仟　佰　拾　万　仟　佰　拾　元　角　分　　　　¥：________

销货单位	名　　称： 纳税人登记号： 地 址 、电 话： 开户行及账号：	备注	

第二联　购货方作购货的记账凭证

附件 22

2008 年度《活力》杂志报销凭证

订阅单位		发行收款 单位盖章	
定价		订阅份数	
金额	合计： 万 仟 佰 拾 元 角 ¥		
备注	本联加盖发行收款单位公章和本刊财务章后有效	出版单位 盖　　章	

附件 23

坏账准备计提表

年　　月　　日

应收账款余额	计提率	应提额	账面已提	实际计提

附件 13

中国工商银行信汇凭证(回　单)　4

委托日期　　年　月　日　　　　　　　　应解汇款编号：

<table>
<tr><td rowspan="3">收款人</td><td>全称</td><td colspan="3"></td><td rowspan="3">汇款人</td><td>全称</td><td colspan="12"></td></tr>
<tr><td>账号或住址</td><td colspan="3"></td><td>账号或住址</td><td colspan="12"></td></tr>
<tr><td>汇出地点</td><td></td><td>汇出行名称</td><td></td><td>汇入地点</td><td colspan="4"></td><td colspan="4">汇入行名称</td><td colspan="4"></td></tr>
<tr><td rowspan="2">金额</td><td colspan="6" rowspan="2">人民币(大写)　万　仟　佰　拾　元　角　分</td><td>千</td><td>百</td><td>十</td><td>万</td><td>千</td><td>百</td><td>十</td><td>元</td><td>角</td><td>分</td><td></td></tr>
<tr><td></td><td></td><td></td><td></td><td></td><td></td><td></td><td></td><td></td><td></td><td></td></tr>
<tr><td colspan="4">汇款用途：</td><td colspan="3">留行待取预留收款人印鉴</td><td colspan="11"></td></tr>
<tr><td colspan="3">上列款项已贷进账，如有错误，请持此联来行面洽。
汇入行盖章
年　月　日</td><td colspan="4">上列款项已照收无误。
收款人盖章
年　月　日</td><td colspan="11">科　目(付)
对方科目(收)
汇入行解汇日期　年　月　日
复核　　　出纳
记账</td></tr>
</table>

购货单位(章)　收款人：　　　　复核：　　　　开票单位：

附件 14

入库单

收货单位：＿＿＿＿＿　　　　年　月　日

货品	品名	单位	数量	单价	金额	备注

负责人　　　　收货人　　　　经手人

(2)所记录的账户可以是同类账户,也可以是不同类账户,但必须是两个记账方向,既不能都记入借方,也不能都记入贷方;

(3)记入借方的金额必须等于记入贷方的金额。

(二)会计分录

会计分录简称分录,是标明某项经济业务应借应贷账户的名称及其金额的一种记录。会计分录包括三个要素:账户、方向和金额。

1. 会计分录的编制步骤

(1)分析经济业务事项所涉及的会计要素及其账户。

(2)确定所涉及账户的增减变化情况。

(3)确定所涉及账户的应借、应贷方向,并记录金额。根据账户所归属的要素,增加和减少应记入账户的方向,来确定在不同的会计科目中应该借记还是贷记。

(4)检查应借、应贷方向、账户名称和金额记录是否正确。确定应借、应贷账户是否正确,借贷方的金额是否相等。

2. 举例

(1)企业以银行存款50,000元购入材料。

借:原材料　　50,000

　　贷:银行存款　　50,000

(2)企业向银行借入5个月的借款10,000元归还欠某单位货款。

借:应付账款　　10,000

　　贷:短期借款　　　10,000

四、实训资料

(1)1日,收到国家投入资本金100,000元,款项存入银行。

(2)2日,以现金付职工工资36,000元。

(3)3日,从银行提取现金36,000元,以备发工资。

(4)10日,企业准备从大地公司购买丙材料一批,按照购货合同约定,以银行存款预付货款6,000元。

附件 15

发出材料汇总表

	甲		乙		丙	
	数量	金额	数量	金额	数量	金额
A 产品						
B 产品						
C 产品						
D 产品						
车间消耗						

附件 16

全国统一发票监制章

商业零售专用发票
发票联

购货人：　　　　年　　月　　日商字(三)98(甲)　　No1997445

商品名称	规格	数量	单位	单价	金额								第二联 发票联
					十	万	千	百	十	元	角	分	
合计人民币(大写)													

企业名称(盖章)：　　　　会计：　　　　制表：

(17)24 日,销售 C 产品 1 000 件给 H 公司,增值税专用发票上注明价款 300,000 元,增值税销项税 51,000 元,销货发票已经开出,但款项尚未收回。

(18)24 日,行政管理部门购买办公用品 500 元,以现金支付。

(19)24 日,计提本月生产用固定资产折旧费 6,000 元,管理部门使用固定资产折旧费 8,000 元。

(20)24 日,根据工资费用分配表可知,本月生产工人工资为 50,000 元,生产车间管理人员工资为 3,000 元,行政管理部门人员工资为 9,000 元。

(21)25 日,捐赠某小学现金 5,000 元作为该校操场修缮费。

(22)27 日,企业收到供货单位违约罚款 1,200 元存入银行。

(23)27 日,收到滞纳金罚款 5,000 元存入银行。

(24)28 日,本企业发生一笔非常损失 4,500 元,以银行存款支付。

(25)28 日,收到某联营公司分来的利润 60,000 元存入银行。

(26)28 日,出售不需要的原材料一批,账面成本 3,000 元,销售款 3,500 元,货款收到并存入银行。(不考虑税金)

(27)31 日,将本月实现的主营业务收入 1,000,000 元,其他业务收入 3,500 元,营业外收入 6,200 元和投资收益 60,000 元转入本年利润。

(28)月末将本月发生的主营业务成本 550,000 元,营业税金及附加 80,000 元,销售费用 10,000 元,其他业务成本 3,000 元,营业外支出 9,500 元,管理费

附件 17

固定资产验收单

年　月　日　　　　　　　　　　　　　　　　　　编号：

名称	规格型号	来源	数量	购(造)价	使用年限	预计残值	
设备		外商捐赠					
安装费	月折旧率	建造单位		交工日期		附件	
				年　月　日			
验收部分		验收人员		管理部门		管理人员	
备注							

附件 18

饮食业剪额发票

发　票　联(01093)字

开票日期：　　年　　月　日　　　　开票单位(加盖发票专用章)　　　　№0902193

项目	单位	数量	单价	金额						
				千	百	十	元	角	分	
人民币(大写)	仟　佰　拾　元　角　分　　¥									②客户收执填写金额与元以上剪票金额不符，此发票无效
联系电话		开户银行及账号		开票人						
					千元					
					百元					
					拾元					
					元					

(2)记账凭证中所列会计分录是否正确;

(3)记账凭证中所列项目是否完整、齐全,有关人员是否签字盖章。

三、实训要求

(1)掌握记账凭证的填制要求。

(2)掌握记账凭证的审核要求。

四、实训指导

记账凭证的一个重要作用就在于将审核无误的原始凭证中所载有的原始数据通过运用账户和复式记账系统编制会计分录而转换为会计账簿所能接受的专有语言,从而成为登记账簿的直接依据。因此,作为登记账簿直接依据的记账凭证,虽然种类不同,格式各异,但一般要具备以下基本内容:记账凭证的名称、填制记账凭证的日期;凭证编号;经济业务事项摘要;应记录的会计科目、方向和金额;记账符号;记账凭证所附原始凭证的张数;记账凭证的填制人员、稽核人员、记账人员和会计主管人员的签名或盖章,此外,收、付款凭证还需出纳人员的签章。填写时应逐项填制,不得遗漏。出纳人员根据收付款凭证收付款项,要在凭证上加盖"收讫"或"付讫"戳记,以免重复收付,防止差错。

(一)记账凭证填制的要求

记账凭证是根据审核无误的原始凭证编制的,各种记账凭证可以根据每一张原始凭证单独编制,也可以根据若干张原始凭证汇总编制。

1. 填制凭证的日期

填写日期一般是会计人员填制记账凭证的当天日期,也可根据管理需要填写经济业务发生日期或月末日期。报销差旅费的记账凭证填写报销当天的日期;现金收付记账凭证填写办理现金收付的日期;银行收款业务记账凭证按财会部门收到银行进账单日期填写;银行付款业务记账凭证,按财会部门开出银行付款单据的日期或承付日期填写;属于计提和分配费用等转账业务应以当月最后的日期填写。

2. 记账凭证的编号

记账凭证在一个月内应当连续编号,以便查核。在使用通用凭证时,可按经济业务发生的顺序编号。采用收款凭证、付款凭证和转账凭证的,可采用"字号编号法",即按凭证类别顺序编号,例如,现收字第×号、现付字第×号、银收字第×号、银付字第×号、转字第×号等;也可采用"双重编号法",即按总字顺序编号与按类别编号相结合的方法,例如,某收款凭证为"总字第×号,现收字第×号";一笔经济业务,需要编制两张以上转账凭证时,可采用"分数编号法",例如,一笔经济业务需要编制两张转账凭证,凭证的顺序号为8号时,可编为转字第8-1/2号、转字第8-2/2号,前面的整数表示业务顺序,分母表示此笔业务共编两张记账凭证,分子表示两张中的第一张和第二张。

3. 会计科目的填写

必须按照会计制度统一规定的会计科目,根据经济业务的性质,编制会计分录,以保证核算口径一致,便于综合汇总。应用借贷法编制会计分录时,要先借后贷,可以填制一借多贷或多借一贷的会计分录,在特殊情况下,也可编制多借多贷的会计分录。

4. 摘要的填写

记账凭证的摘要栏既是对经济业务的简要说明,又是登记账簿的重要依据,必须用简明扼要的文字表达出经济业务的主要内容。填写的基本要求是真实准确,简明扼要。其中:收付款业务要写明收付款对象及款项内容,使用支票的,应填写支票号码;购买物资业务要写明供货方及主要品种、数量;债权债务业务

附件 19

工业企业通用发票

客户名称：　　　　　　　　　　开票日期：　年　月　日　　　　No. 0091692

品名或加工修理	规格	单位	数量	单价	金额								由开票人记财务账 备　注
					十	万	千	百	十	元	角	分	
人民币合计（大写）	仟　佰　拾　元　　　¥												
企业名称	（加盖发票专用章）	开户银行账号		结算方式									
				电　话									

地址：　　　　　　开票人(章)　　　　　　收款人(章)

附件 20

收款收据

交款单位：　　　　　　年　月　日　　　　结算方式：

项　目	内　容	第二联收据 金　额
合计人民币(大写)：		¥

收款单位(印章)　　　　　　收款人(签章)

2. **通用记账凭证的填制方法**

通用记账凭证是用以记录各种经济业务的凭证。采用通用记账凭证的经济单位，不再根据经济业务的内容分别填制收款凭证、付款凭证和转账凭证，所以涉及货币资金收、付款业务的记账凭证是由出纳员根据审核无误的原始凭证收、付款后填制的，涉及转账业务的记账凭证，是由有关人员根据审核无误的原始凭证填制的。

（三）记账凭证的审核

为了正确登记账簿和监督经济业务，除了在记账凭证的编制过程中，有关人员应认真负责、正确填制、加强自审之外，还要对记账凭证建立综合审核制度。记账凭证审核的主要内容有：

(1)审核记账凭证与原始凭证的一致性。包括记账凭证是否附有原始凭证，所附原始凭证张数与记账凭证所列附张数是否相符；记账凭证的内容与原始凭证的经济业务内容是否相符，两者金额合计是否相等。

(2)会计科目的应用是否正确；二级或明细科目是否齐全；会计科目的对应关系是否清晰；金额的计算是否正确。

(3)内容摘要的填写是否清楚，是否正确归纳了经济业务的实际内容；记账凭证中有关项目是否填列齐全；有关人员签章是否齐全。

严格地说，记账凭证的审核同原始凭证一样，共同组成会计确认的一个环节，都是在会计账簿上正式加以记录之前的必要步骤。在记账凭证的审核过程中，对于错误的记账凭证，如果在登记入账前发现，应重新填制正确的记账凭证；如果在记账之后发现，则应按相应错账更正方法进行更正。

五、实训资料

实训二完成的会计分录。

附件 21

转账支票

中国工商银行

转账支票存根(黑)

Ⅵ Ⅱ 0012001

附加信息

出票日期：年　月　日

收款人：	
金　额：	
用　途：	

单位主管：　　会计：

中国工商银行　转账支票　（黑）　　Ⅵ Ⅱ 0012001

出票日期:年　月　日　　　　付款行名称：

收款人：　　　　　　　　　　出票人账号：

本支票付款期限十天

	百	十	万	千	百	十	元	角	分
人民币（大写）									

用途

上列款项请从

我账户内支付

出票人签章　　　　复核　　　　记账

附件 22

固定资产盘盈盘亏报告表

部门：　　　　　　　　　年　月　日

固定资产编号	固定资产名称	盘盈			盘亏			毁损			原因
		数量	重置价值	估计已提折旧额	数量	原价	已提折旧	数量	原价	已提折旧	
											②审批处理
合计											

处理意见	使用部门	清查小组	审批部门
			转作以前年度损益调整

附件 23

2008 年度《活力》杂志报销凭证

订阅单位		发行收款单位盖章	
定价		订阅份数	
金额	合计： 万 仟 佰 拾 元 角 ¥		
备注	本联加盖发行收款单位公章和本刊财务章后有效	出版单位盖 章	

附件 24

坏账准备计提表

年 月 日

应收账款余额	计提率	应提额	账面已提	实际计提

【实训三】 借贷记账法

借贷记账法是以“借”和“贷”作为记账符号，以会计基本等式的平衡关系为基础，对每一项经济业务以借贷相等的金额在两个以上相互联系的账户中进行全面登记的记账方法。“借”和“贷”作为记账符号，都具有增加和减少的双重含义。“借”和“贷”何时为增加、何时为减少，必须结合账户的具体性质才能准确说明。资产类、费用类是“借”增“贷”减；负债类、所有者权益类、收入类是“借”减“贷”增。根据会计等式“资产 + 费用 = 负债 + 所有者权益 + 收入”可知，“借”和“贷”这两个记账符号对会计等式两方的会计要素规定了增减相反的含义。

一、实训目的

通过本实训，使学生掌握借贷记账法的方法。

二、实训要求

（一）找到账户的对应关系

1. 账户的对应关系的概念

在借贷记账法中，每一项经济业务发生后都要在两个或两个以上账户的借方和贷方相互联系地进行记录，这种账户之间的相互依存关系称为账户的对应关系。

2. 对应账户的概念

存在着对应关系的账户称为对应账户。

3. 账户的对应关系和对应账户的作用

（1）经济业务的相互联系在账户的记录中表现为账户的对应关系。因此，只有正确确定对应账户，才能如实反映经济业务的内容。

（2）通过分析账户的对应关系，一方面有助于了解经济业务的内容；另一方面还可以检查经济业务的发生是否符合有关的会计法规。

（二）编制会计分录

根据借贷记账法的要求，编制会计分录。

三、实训指导

（一）记账规则

借贷记账法是复式记账法的一种。它是以“借”、“贷”为记账符号，以“资产 = 负债 + 所有者权益”的会计等式为理论依据，以“有借必有贷，借贷必相等”为记账规则的一种科学复式记账法。

借贷记账法的记账规则可以概括为：有借必有贷，借贷必相等。

（1）任何一笔经济业务都必须同时分别记录到两个或两个以上的账户中去；

(2)所记录的账户可以是同类账户,也可以是不同类账户,但必须是两个记账方向,既不能都记入借方,也不能都记入贷方;

(3)记入借方的金额必须等于记入贷方的金额。

(二)会计分录

会计分录简称分录,是标明某项经济业务应借应贷账户的名称及其金额的一种记录。会计分录包括三个要素:账户、方向和金额。

1. 会计分录的编制步骤

(1)分析经济业务事项所涉及的会计要素及其账户。

(2)确定所涉及账户的增减变化情况。

(3)确定所涉及账户的应借、应贷方向,并记录金额。根据账户所归属的要素,增加和减少应记入账户的方向,来确定在不同的会计科目中应该借记还是贷记。

(4)检查应借、应贷方向、账户名称和金额记录是否正确。确定应借、应贷账户是否正确,借贷方的金额是否相等。

2. 举例

(1)企业以银行存款50,000元购入材料。

借:原材料　　50,000

　　贷:银行存款　　50,000

(2)企业向银行借入5个月的借款10,000元归还欠某单位货款。

借:应付账款　　10,000

　　贷:短期借款　　10,000

四、实训资料

(1)1日,收到国家投入资本金100,000元,款项存入银行。

(2)2日,以现金付职工工资36,000元。

(3)3日,从银行提取现金36,000元,以备发工资。

(4)10日,企业准备从大地公司购买丙材料一批,按照购货合同约定,以银行存款预付货款6,000元。

(5)12 日,从已经预付货款的大地公司购买丙材料 1,000 kg,单价 3 元,增值税专用发票上标明价款 3,000 元,进项税额为 510 元,材料还在运输过程中。

(6)13 日,王小一借支差旅费 150,000 元,以现金支付。

(7)14 日,收到东安公司还来欠款 150,000 元,并存入银行。

(8)15 日,用银行存款支付厂部办公楼租金 1,200 元。

(9)16 日,出售 A 产品 3 000 件,单价 300 元,增值税税率 17%,收到购货单位哈电集团开出的商业承兑汇票一张。

(10)17 日,出售 B 产品 1 000 件给红光锅炉厂,单价 50 元,增值税税率 17%,货款尚未收到。

(11)18 日,收到 A 公司作为投资投入的货币资金 2,000,000 元,款项已存入银行。

(12)19 日,从银行取得借款 30,000 元,期限 6 个月,年利率 3%,款项已存入银行。

(13)20 日,采购 B 材料 200 kg,单价 500 元,增值税专用发票上注明买价 100,000 元,增值税进项税 17,000 元,货款暂欠,材料尚未验收入库。

(14)22 日,以银行存款支付 B 材料运输费 800 元。

(15)23 日,根据发出材料汇总表中的材料用途,本月生产产品直接耗用原材料 40,000 元,车间一般耗用原材料 3,000 元,管理部门耗用原材料 600 元。

(16)23 日,以现金支付广告费 90,000 元。

(17)24 日,销售 C 产品 1 000 件给 H 公司,增值税专用发票上注明价款 300,000 元,增值税销项税 51,000 元,销货发票已经开出,但款项尚未收回。

(18)24 日,行政管理部门购买办公用品 500 元,以现金支付。

(19)24 日,计提本月生产用固定资产折旧费 6,000 元,管理部门使用固定资产折旧费 8,000 元。

(20)24 日,根据工资费用分配表可知,本月生产工人工资为 50,000 元,生产车间管理人员工资为 3,000 元,行政管理部门人员工资为 9,000 元。

(21)25 日,捐赠某小学现金 5,000 元作为该校操场修缮费。

(22)27 日,企业收到供货单位违约罚款 1,200 元存入银行。

(23)27 日,收到滞纳金罚款 5,000 元存入银行。

(24)28 日,本企业发生一笔非常损失 4,500 元,以银行存款支付。

(25)28 日,收到某联营公司分来的利润 60,000 元存入银行。

(26)28 日,出售不需要的原材料一批,账面成本 3,000 元,销售款 3,500 元,货款收到并存入银行。(不考虑税金)

(27)31 日,将本月实现的主营业务收入 1,250,000 元,其他业务收入 3,500 元,营业外收入 6,200 元和投资收益 60,000 元转入本年利润。

(28)月末将本月发生的主营业务成本 550,000 元,营业税金及附加 80,000 元,销售费用 90,000 元,其他业务成本 3,000 元,营业外支出 9,500 元,管理费用 19,300 元和财务费用 4,800 元转入本年利润。

(29)按利润总额 110,000 元的 25% 计算本月应交所得税。

(30)月末将“所得税费用”转入本年利润。

【实训四】 记账凭证的填制和审核

记账凭证又称记账凭单或分录凭单,是会计人员根据审核无误的原始凭证按照经济业务事项的内容加以归类,并据以确定会计分录后所填制的会计凭证。记账凭证是登记账簿的直接依据。在实际工作中,为了便于登记账簿,需要将来自不同的单位、种类繁多、数量庞大、格式大小不一的原始凭证加以归类、整理,填制具有统一格式的记账凭证,确定会计分录并将相关的原始凭证附在记账凭证后面。

一、实训目的

通过本次实训,要求学生能够根据原始凭证所表明的经济业务情况正确按记账凭证格式要求填写记账凭证,并按记账凭证审核内容的要求、审核经济业务是否合法、合理及记账凭证填写是否符合规范要求。

二、实训步骤

1. 掌握实训基本要求

模拟实务操作等同于实际工作,应按照会计核算程序及有关规章制度认真进行。

2. 根据审核的原始凭证

在了解、分析经济业务的具体情况前提下,编制记账凭证。

(1)审核原始凭证;

(2)确定会计分录(根据原始凭证记录的经济业务,运用借贷记账法,确定应借应贷会计科目和金额);

(3)按照记账凭证的内容、格式及填制方法,填写记账凭证;

(4)记账凭证填制完成并经审核后,交记账人员记账。

3. 同学之间互相审核记账凭证

(1)记账凭证与原始凭证是否相符;

(2)记账凭证中所列会计分录是否正确；
(3)记账凭证中所列项目是否完整、齐全,有关人员是否签字盖章。

三、实训要求

(1)掌握记账凭证的填制要求。
(2)掌握记账凭证的审核要求。

四、实训指导

记账凭证的一个重要作用就在于将审核无误的原始凭证中所载有的原始数据通过运用账户和复式记账系统编制会计分录而转换为会计账簿所能接受的专有语言,从而成为登记账簿的直接依据。因此,作为登记账簿直接依据的记账凭证,虽然种类不同,格式各异,但一般要具备以下基本内容:记账凭证的名称、填制记账凭证的日期;凭证编号;经济业务事项摘要;应记录的会计科目、方向和金额;记账符号;记账凭证所附原始凭证的张数;记账凭证的填制人员、稽核人员、记账人员和会计主管人员的签名或盖章,此外,收、付款凭证还需出纳人员的签章。填写时应逐项填制,不得遗漏。出纳人员根据收付款凭证收付款项,要在凭证上加盖"收讫"或"付讫"戳记,以免重复收付,防止差错。

(一)记账凭证填制的要求

记账凭证是根据审核无误的原始凭证编制的,各种记账凭证可以根据每一张原始凭证单独编制,也可以根据若干张原始凭证汇总编制。

1. 填制凭证的日期

填写日期一般是会计人员填制记账凭证的当天日期,也可根据管理需要填写经济业务发生日期或月末日期。报销差旅费的记账凭证填写报销当天的日期;现金收付记账凭证填写办理现金收付的日期;银行收款业务记账凭证按财会部门收到银行进账单日期填写;银行付款业务记账凭证,按财会部门开出银行付款单据的日期或承付日期填写;属于计提和分配费用等转账业务应以当月最后的日期填写。

2. 记账凭证的编号

记账凭证在一个月内应当连续编号,以便查核。在使用通用凭证时,可按经济业务发生的顺序编号。采用收款凭证、付款凭证和转账凭证的,可采用"字号编号法",即按凭证类别顺序编号,例如,现收字第×号、现付字第×号、银收字第×号、银付字第×号、转字第×号等;也可采用"双重编号法",即按总字顺序编号与按类别编号相结合的方法,例如,某收款凭证为"总字第×号,现收字第×号";一笔经济业务,需要编制两张以上转账凭证时,可采用"分数编号法",例如,一笔经济业务需要编制两张转账凭证,凭证的顺序号为8号时,可编为转字第8-1/2号、转字第8-2/2号,前面的整数表示业务顺序,分母表示此笔业务共编两张记账凭证,分子表示两张中的第一张和第二张。

3. 会计科目的填写

必须按照会计制度统一规定的会计科目,根据经济业务的性质,编制会计分录,以保证核算口径一致,便于综合汇总。应用借贷法编制会计分录时,要先借后贷,可以填制一借多贷或多借一贷的会计分录,在特殊情况下,也可编制多借多贷的会计分录。

4. 摘要的填写

记账凭证的摘要栏既是对经济业务的简要说明,又是登记账簿的重要依据,必须用简明扼要的文字表达出经济业务的主要内容。填写的基本要求是真实准确,简明扼要。其中:收付款业务要写明收付款对象及款项内容,使用支票的,应填写支票号码;购买物资业务要写明供货方及主要品种、数量;债权债务业务应写明对方名称、经手人及发生时间;溢缺事项应写明发生部门、原因及责任人;对于冲销或补充等更正差错事项,应写明“注销×月×日×号凭证”或“订正×月×日×号凭证”字样;若一张或几张原始凭证需填制两张以上记账凭证而其只能附在一张之后,则应分别写明“本记账凭证附件包括×号记账凭证业务”或“原始凭证附在×号记账凭证后面”等字样。

5. 金额栏数字的填写

记账凭证的金额必须与所附原始凭证的金额相符。填写金额时,阿拉伯数字要规范,写到格宽的1/2或2/3处,并平行对准借贷栏次和科目栏次,防止错栏串行。金额数字要写到分位,角分位没数字也要填上“00”,角分位的数字或零,要与元位的数字平行,不得上下错开。要在金额合计行填写合计金额,并在前面写上“¥”符号。不是合计金额的,则不填写货币符号。填写金额(包括文字)不得跳行,对多余空行,应划斜线或“S”形线注销。划线应从金额栏最后一笔金额数字下的空行划到合计数行上面的空行,要注意两端都不能划到金额数字的行次上。

6. 所附原始凭证张数的计算和填写

记账凭证后附的主要有外来原始凭证、原始凭证汇总表、计算单、分配表、批准文件等。附件张数应用阿拉伯数字填写在指定位置。附件张数的计算方法有两种:一种是按构成记账凭证金额的原始凭证或原始凭证汇总表计算张数,原始凭证或原始凭证汇总表所附的单据,只作为附件处理。如差旅费、市内交通费、医药费等单据,因数量多,可粘在一张表上,作为一张原始凭证附件,但该表上同样要注明原始单据的张数。另一种方法是以所附原始凭证的自然张数为准,有一张算一张。

7. 记账凭证的签章

记账凭证填制完成后,要由有关人员签名或盖章,以示负责。签名时要写姓名全称,不得任意简化,以免混淆。填制人员填毕后先签章,再由稽核人员审核后签章,之后由会计主管人员复核后签章,最后记账人员在据以记账后签章。另外,收付款凭证,还必须由出纳人员签章,表明其是否对该项款项进行了收付。

8. 复核与检查

记账凭证填制完毕,应进行复核与检查,并按所使用的方法进行试算平衡。实行会计电算化的企业单位,其机制记账凭证应当符合记账凭证的一般要求。无论是印刷的记账凭证,还是机制记账凭证,都要加盖制单人员、审核人员、记账人员、会计机构负责人等的印章或签字,以明确各自的责任。

(二)记账凭证填制的方法

1. 专用记账凭证填制的方法

(1)收款凭证的填制方法。

收款凭证由出纳人员根据审核无误的有关现金和银行存款的收款原始凭证填制。凭证的填制日期应按货币资金收到的日期填写,凭证的编号可采用“字号编号法”,即按凭证类别顺序编号。例如,现收字第×号、银收字第×号。收款凭证左上方的科目是借方科目,借方科目应是“现金”或“银行存款”,收款凭证内反映的是与“现金”或“银行存款”科目相对应的贷方科目。凭证摘要栏内填写业务的简要说明,凭证右侧填写所附原始凭证张数。

(2)付款凭证的填制方法。

付款凭证由出纳人员根据审核无误的有关现金和银行存款的付款原始凭证填制。凭证的填制日期为业务发生日期,可采用“字号编号法”。例如,现付字第×号、银付字第×号。付款凭证的左上方的会计科目是贷方科目,贷方科目应是“现金”或“银行存款”,凭证内反映的是与“现金”或“银行存款”科目相对应的借方科目。凭证摘要栏内填写业务简明摘要,凭证右方填写所附原始凭证张数。

(3)转账凭证的填制方法。

转账凭证由会计人员根据审核无误的转账业务原始凭证填制。

2. 通用记账凭证的填制方法

通用记账凭证是用以记录各种经济业务的凭证。采用通用记账凭证的经济单位，不再根据经济业务的内容分别填制收款凭证、付款凭证和转账凭证，所以涉及货币资金收、付款业务的记账凭证是由出纳员根据审核无误的原始凭证收、付款后填制的，涉及转账业务的记账凭证，是由有关人员根据审核无误的原始凭证填制的。

(三)记账凭证的审核

为了正确登记账簿和监督经济业务，除了在记账凭证的编制过程中，有关人员应认真负责、正确填制、加强自审之外，还要对记账凭证建立综合审核制度。记账凭证审核的主要内容有：

(1)审核记账凭证与原始凭证的一致性。包括记账凭证是否附有原始凭证，所附原始凭证张数与记账凭证所列附张数是否相符；记账凭证的内容与原始凭证的经济业务内容是否相符，两者金额合计是否相等。

(2)会计科目的应用是否正确；二级或明细科目是否齐全；会计科目的对应关系是否清晰；金额的计算是否正确。

(3)内容摘要的填写是否清楚，是否正确归纳了经济业务的实际内容；记账凭证中有关项目是否填列齐全；有关人员签章是否齐全。

严格地说，记账凭证的审核同原始凭证一样，共同组成会计确认的一个环节，都是在会计账簿上正式加以记录之前的必要步骤。在记账凭证的审核过程中，对于错误的记账凭证，如果在登记入账前发现，应重新填制正确的记账凭证；如果在记账之后发现，则应按相应错账更正方法进行更正。

五、实训资料

实训二完成的会计分录。

记账凭证

年　　月　　日　　　　字第　　号

摘　　要	总账科目	明细科目	记账符号	借方金额										贷方金额									
				千	百	十	万	千	百	十	元	角	分	千	百	十	万	千	百	十	元	角	分

附单据　　张

财务主管　　记账　　出纳　　审核　　制单

记账凭证

年　　月　　日　　　　字第　　号

摘　　要	总账科目	明细科目	记账符号	借方金额										贷方金额									
				千	百	十	万	千	百	十	元	角	分	千	百	十	万	千	百	十	元	角	分

附单据　　张

财务主管　　记账　　出纳　　审核　　制单

记 账 凭 证

年　　月　　日　　　　　　　　字第　　号

摘　要	总账科目	明细科目	记账符号	借方金额										贷方金额									
				千	百	十	万	千	百	十	元	角	分	千	百	十	万	千	百	十	元	角	分

附单据　　张

财务主管　　　　记账　　　　出纳　　　　审核　　　　制单

记 账 凭 证

年　　月　　日　　　　　　　　字第　　号

摘　要	总账科目	明细科目	记账符号	借方金额										贷方金额									
				千	百	十	万	千	百	十	元	角	分	千	百	十	万	千	百	十	元	角	分

附单据　　张

财务主管　　　　记账　　　　出纳　　　　审核　　　　制单

记账凭证

年　月　日　　　字第　号

摘　要	总账科目	明细科目	记账符号	借方金额										贷方金额									
				千	百	十	万	千	百	十	元	角	分	千	百	十	万	千	百	十	元	角	分

附单据　张

财务主管　　记账　　出纳　　审核　　制单

记账凭证

年　月　日　　　字第　号

摘　要	总账科目	明细科目	记账符号	借方金额										贷方金额									
				千	百	十	万	千	百	十	元	角	分	千	百	十	万	千	百	十	元	角	分

附单据　张

财务主管　　记账　　出纳　　审核　　制单

记 账 凭 证

年　　月　　日　　　　　　　　字第　　号

摘　　要	总账科目	明细科目	记账符号	借方金额										贷方金额									
				千	百	十	万	千	百	十	元	角	分	千	百	十	万	千	百	十	元	角	分

附单据　　张

财务主管　　　　记账　　　　出纳　　　　审核　　　　制单

记 账 凭 证

年　　月　　日　　　　　　　　字第　　号

摘　　要	总账科目	明细科目	记账符号	借方金额										贷方金额									
				千	百	十	万	千	百	十	元	角	分	千	百	十	万	千	百	十	元	角	分

附单据　　张

财务主管　　　　记账　　　　出纳　　　　审核　　　　制单

记 账 凭 证

年　　月　　日　　　　　　　　　　字第　　号

摘　　要	总账科目	明细科目	记账符号	借方金额										贷方金额									
				千	百	十	万	千	百	十	元	角	分	千	百	十	万	千	百	十	元	角	分

附单据　　张

财务主管　　　　记账　　　　出纳　　　　审核　　　　制单

记 账 凭 证

年　　月　　日　　　　　　　　　　字第　　号

摘　　要	总账科目	明细科目	记账符号	借方金额										贷方金额									
				千	百	十	万	千	百	十	元	角	分	千	百	十	万	千	百	十	元	角	分

附单据　　张

财务主管　　　　记账　　　　出纳　　　　审核　　　　制单

记账凭证

年　　月　　日　　　　字第　　号

摘　要	总账科目	明细科目	记账符号	借方金额										贷方金额									
				千	百	十	万	千	百	十	元	角	分	千	百	十	万	千	百	十	元	角	分

附单据　　张

财务主管　　记账　　出纳　　审核　　制单

记账凭证

年　　月　　日　　　　字第　　号

摘　要	总账科目	明细科目	记账符号	借方金额										贷方金额									
				千	百	十	万	千	百	十	元	角	分	千	百	十	万	千	百	十	元	角	分

附单据　　张

财务主管　　记账　　出纳　　审核　　制单

记 账 凭 证

年　月　日　　　　字第　号

摘　要	总账科目	明细科目	记账符号	借方金额										贷方金额									
				千	百	十	万	千	百	十	元	角	分	千	百	十	万	千	百	十	元	角	分

附单据　张

财务主管　　记账　　出纳　　审核　　制单

记 账 凭 证

年　月　日　　　　字第　号

摘　要	总账科目	明细科目	记账符号	借方金额										贷方金额									
				千	百	十	万	千	百	十	元	角	分	千	百	十	万	千	百	十	元	角	分

附单据　张

财务主管　　记账　　出纳　　审核　　制单

记账凭证

年　　月　　日　　　　　　　　字第　　号

摘　　要	总账科目	明细科目	记账符号	借方金额										贷方金额									
				千	百	十	万	千	百	十	元	角	分	千	百	十	万	千	百	十	元	角	分

附单据　　张

财务主管　　　　记账　　　　出纳　　　　审核　　　　制单

记账凭证

年　　月　　日　　　　　　　　字第　　号

摘　　要	总账科目	明细科目	记账符号	借方金额										贷方金额									
				千	百	十	万	千	百	十	元	角	分	千	百	十	万	千	百	十	元	角	分

附单据　　张

财务主管　　　　记账　　　　出纳　　　　审核　　　　制单

记 账 凭 证

年　　月　　日　　　　　　　　字第　　号

摘　　要	总账科目	明细科目	记账符号	借方金额										贷方金额									
				千	百	十	万	千	百	十	元	角	分	千	百	十	万	千	百	十	元	角	分

附单据　　张

财务主管　　　　记账　　　　出纳　　　　审核　　　　制单

记 账 凭 证

年　　月　　日　　　　　　　　字第　　号

摘　　要	总账科目	明细科目	记账符号	借方金额										贷方金额									
				千	百	十	万	千	百	十	元	角	分	千	百	十	万	千	百	十	元	角	分

附单据　　张

财务主管　　　　记账　　　　出纳　　　　审核　　　　制单

记账凭证

年　月　日　　　字第　号

摘要	总账科目	明细科目	记账符号	借方金额										贷方金额									
				千	百	十	万	千	百	十	元	角	分	千	百	十	万	千	百	十	元	角	分

附单据　张

财务主管　记账　出纳　审核　制单

记账凭证

年　月　日　　　字第　号

摘要	总账科目	明细科目	记账符号	借方金额										贷方金额									
				千	百	十	万	千	百	十	元	角	分	千	百	十	万	千	百	十	元	角	分

附单据　张

财务主管　记账　出纳　审核　制单

记账凭证

年　　月　　日　　　　　　　　字第　　号

摘　要	总账科目	明细科目	记账符号	借方金额										贷方金额									
				千	百	十	万	千	百	十	元	角	分	千	百	十	万	千	百	十	元	角	分

附单据　　张

财务主管　　　　记账　　　　出纳　　　　审核　　　　制单

记账凭证

年　　月　　日　　　　　　　　字第　　号

摘　要	总账科目	明细科目	记账符号	借方金额										贷方金额									
				千	百	十	万	千	百	十	元	角	分	千	百	十	万	千	百	十	元	角	分

附单据　　张

财务主管　　　　记账　　　　出纳　　　　审核　　　　制单

记 账 凭 证

年　　月　　日　　　　　　　　字第　　号

摘　要	总账科目	明细科目	记账符号	借方金额										贷方金额									
				千	百	十	万	千	百	十	元	角	分	千	百	十	万	千	百	十	元	角	分

附单据　　张

财务主管　　　　记账　　　　出纳　　　　审核　　　　制单

记 账 凭 证

年　　月　　日　　　　　　　　字第　　号

摘　要	总账科目	明细科目	记账符号	借方金额										贷方金额									
				千	百	十	万	千	百	十	元	角	分	千	百	十	万	千	百	十	元	角	分

附单据　　张

财务主管　　　　记账　　　　出纳　　　　审核　　　　制单

记账凭证

年　　月　　日　　　　　　　　字第　　号

摘　要	总账科目	明细科目	记账符号	借方金额										贷方金额									
				千	百	十	万	千	百	十	元	角	分	千	百	十	万	千	百	十	元	角	分

附单据　　张

财务主管　　　　记账　　　　出纳　　　　审核　　　　制单

记账凭证

年　　月　　日　　　　　　　　字第　　号

摘　要	总账科目	明细科目	记账符号	借方金额										贷方金额									
				千	百	十	万	千	百	十	元	角	分	千	百	十	万	千	百	十	元	角	分

附单据　　张

财务主管　　　　记账　　　　出纳　　　　审核　　　　制单

记账凭证

年　月　日　　　　字第　号

摘　要	总账科目	明细科目	记账符号	借方金额										贷方金额									
				千	百	十	万	千	百	十	元	角	分	千	百	十	万	千	百	十	元	角	分

附单据　张

财务主管　　记账　　出纳　　审核　　制单

记账凭证

年　月　日　　　　字第　号

摘　要	总账科目	明细科目	记账符号	借方金额										贷方金额									
				千	百	十	万	千	百	十	元	角	分	千	百	十	万	千	百	十	元	角	分

附单据　张

财务主管　　记账　　出纳　　审核　　制单

记 账 凭 证

年　　月　　日　　　　　　　　字第　　号

摘　　要	总账科目	明细科目	记账符号	借方金额										贷方金额									
				千	百	十	万	千	百	十	元	角	分	千	百	十	万	千	百	十	元	角	分

附单据　　张

财务主管　　　　记账　　　　出纳　　　　审核　　　　制单

记 账 凭 证

年　　月　　日　　　　　　　　字第　　号

摘　　要	总账科目	明细科目	记账符号	借方金额										贷方金额									
				千	百	十	万	千	百	十	元	角	分	千	百	十	万	千	百	十	元	角	分

附单据　　张

财务主管　　　　记账　　　　出纳　　　　审核　　　　制单

记账凭证

年　　月　　日　　　　　　　　字第　　号

摘　　要	总账科目	明细科目	记账符号	借方金额										贷方金额									
				千	百	十	万	千	百	十	元	角	分	千	百	十	万	千	百	十	元	角	分

附单据　　张

财务主管　　　　记账　　　　出纳　　　　审核　　　　制单

记账凭证

年　　月　　日　　　　　　　　字第　　号

摘　　要	总账科目	明细科目	记账符号	借方金额										贷方金额									
				千	百	十	万	千	百	十	元	角	分	千	百	十	万	千	百	十	元	角	分

附单据　　张

财务主管　　　　记账　　　　出纳　　　　审核　　　　制单

记账凭证

年 月 日　　　　　　字第 号

摘　要	总账科目	明细科目	记账符号	借方金额										贷方金额									
				千	百	十	万	千	百	十	元	角	分	千	百	十	万	千	百	十	元	角	分

附单据　张

财务主管　　记账　　出纳　　审核　　制单

记账凭证

年 月 日　　　　　　字第 号

摘　要	总账科目	明细科目	记账符号	借方金额										贷方金额									
				千	百	十	万	千	百	十	元	角	分	千	百	十	万	千	百	十	元	角	分

附单据　张

财务主管　　记账　　出纳　　审核　　制单

记 账 凭 证

年　月　日　　　　字第　号

摘　要	总账科目	明细科目	记账符号	借方金额										贷方金额									
				千	百	十	万	千	百	十	元	角	分	千	百	十	万	千	百	十	元	角	分

附单据　张

财务主管　　记账　　出纳　　审核　　制单

记 账 凭 证

年　月　日　　　　字第　号

摘　要	总账科目	明细科目	记账符号	借方金额										贷方金额									
				千	百	十	万	千	百	十	元	角	分	千	百	十	万	千	百	十	元	角	分

附单据　张

财务主管　　记账　　出纳　　审核　　制单

记账凭证

年　月　日　　　　字第　号

摘要	总账科目	明细科目	记账符号	借方金额										贷方金额									
				千	百	十	万	千	百	十	元	角	分	千	百	十	万	千	百	十	元	角	分

附单据　张

财务主管　　记账　　出纳　　审核　　制单

记账凭证

年　月　日　　　　字第　号

摘要	总账科目	明细科目	记账符号	借方金额										贷方金额									
				千	百	十	万	千	百	十	元	角	分	千	百	十	万	千	百	十	元	角	分

附单据　张

财务主管　　记账　　出纳　　审核　　制单

记 账 凭 证

年　　月　　日　　　　　　　　字第　　号

摘　要	总账科目	明细科目	记账符号	借方金额										贷方金额									
				千	百	十	万	千	百	十	元	角	分	千	百	十	万	千	百	十	元	角	分

附单据　　张

财务主管　　　　记账　　　　出纳　　　　审核　　　　制单

记 账 凭 证

年　　月　　日　　　　　　　　字第　　号

摘　要	总账科目	明细科目	记账符号	借方金额										贷方金额									
				千	百	十	万	千	百	十	元	角	分	千	百	十	万	千	百	十	元	角	分

附单据　　张

财务主管　　　　记账　　　　出纳　　　　审核　　　　制单

记 账 凭 证

年　　月　　日　　　　　　　　　　字第　　号

摘　要	总账科目	明细科目	记账符号	借方金额										贷方金额									
				千	百	十	万	千	百	十	元	角	分	千	百	十	万	千	百	十	元	角	分

附单据　　张

财务主管　　　　记账　　　　出纳　　　　审核　　　　制单

记 账 凭 证

年　　月　　日　　　　　　　　　　字第　　号

摘　要	总账科目	明细科目	记账符号	借方金额										贷方金额									
				千	百	十	万	千	百	十	元	角	分	千	百	十	万	千	百	十	元	角	分

附单据　　张

财务主管　　　　记账　　　　出纳　　　　审核　　　　制单

记账凭证

年　　月　　日　　　　　　　　字第　　号

附单据　　张

摘　要	总账科目	明细科目	记账符号	借方金额										贷方金额									
				千	百	十	万	千	百	十	元	角	分	千	百	十	万	千	百	十	元	角	分

财务主管　　　　记账　　　　出纳　　　　审核　　　　制单

记账凭证

年　　月　　日　　　　　　　　字第　　号

附单据　　张

摘　要	总账科目	明细科目	记账符号	借方金额										贷方金额									
				千	百	十	万	千	百	十	元	角	分	千	百	十	万	千	百	十	元	角	分

财务主管　　　　记账　　　　出纳　　　　审核　　　　制单

记 账 凭 证

年　　月　　日　　　　　　　　　　字第　　号

摘　要	总账科目	明细科目	记账符号	借方金额										贷方金额									
				千	百	十	万	千	百	十	元	角	分	千	百	十	万	千	百	十	元	角	分

附单据　　张

财务主管　　　记账　　　出纳　　　审核　　　制单

记 账 凭 证

年　　月　　日　　　　　　　　　　字第　　号

摘　要	总账科目	明细科目	记账符号	借方金额										贷方金额									
				千	百	十	万	千	百	十	元	角	分	千	百	十	万	千	百	十	元	角	分

附单据　　张

财务主管　　　记账　　　出纳　　　审核　　　制单

记 账 凭 证

年　　月　　日　　　　　　字第　　号

摘　要	总账科目	明细科目	记账符号	借方金额										贷方金额									
				千	百	十	万	千	百	十	元	角	分	千	百	十	万	千	百	十	元	角	分

附单据　　张

财务主管　　　　记账　　　　出纳　　　　审核　　　　制单

记 账 凭 证

年　　月　　日　　　　　　字第　　号

摘　要	总账科目	明细科目	记账符号	借方金额										贷方金额									
				千	百	十	万	千	百	十	元	角	分	千	百	十	万	千	百	十	元	角	分

附单据　　张

财务主管　　　　记账　　　　出纳　　　　审核　　　　制单

记账凭证

年　　月　　日　　　　　　　　字第　　号

摘要	总账科目	明细科目	记账符号	借方金额										贷方金额									
				千	百	十	万	千	百	十	元	角	分	千	百	十	万	千	百	十	元	角	分

附单据　　张

财务主管　　　　记账　　　　出纳　　　　审核　　　　制单

记账凭证

年　　月　　日　　　　　　　　字第　　号

摘要	总账科目	明细科目	记账符号	借方金额										贷方金额									
				千	百	十	万	千	百	十	元	角	分	千	百	十	万	千	百	十	元	角	分

附单据　　张

财务主管　　　　记账　　　　出纳　　　　审核　　　　制单

四、实训指导

（一）启用账簿的要求

（1）为了保证账簿记录的合法性和完整性，明确记账责任，在账簿启用时，应当在账簿封面上载明账簿名称和单位名称，在扉页上注明账簿编号、账簿册数、账簿共计页数、启用日期、记账人员姓名、主管人员姓名和账户目录等，并加盖公章。中途更换记账人员需要在交接记录中登记并签章，同时需有会计主管人员监交并签章。

（2）为确保账簿记录的合法性与安全性，明确有关人员的责任和便于日后查考，启用新的会计账簿时，应当在账簿封面上写明单位名称、账簿名称及起讫日期；填写账簿扉页上的“启用表”，注明启用日期、账簿起止页数（活页账簿可于装订时填写起止页数）、记账人员和会计机构负责人、会计主管人员姓名，并加盖名章和单位公章。当记账人员或会计机构负责人、会计主管人员调动工作时，也要在“启用表”上注明交接日期、接办人员和监交人员姓名，并由交接双方签名或盖章。启用订本式账户，应按顺序编定页数使用，不得跳页、缺号。使用活页式账页，应按账户顺序编号，并装订成份。年度终了再按实际使用的账页顺序编定页数和建立账户目录。总账按一级会计科目设立，明细账原则上按国家及企业会计制度规定的明细科目分别设立。粘贴印花税票。

（3）在启用账簿时，应在账簿的扉页填列“账簿启用登记表”，详细载明：单位名称，账簿名称，账簿编号，账簿页数，启用日期，加盖单位公章，并由会计主管人员和记账人员签章。更换记账人员时，应办理交接手续，在交接记录内填写交接日期和交接人，监交人姓名，加盖名章。

（4）在启用账簿时，还应填写“账户目录表”。总账账户按照科目编号和科目名称填列，写明各自的起讫页数。明细账户除按照科目编号和科目名称填列外，还要填明所属明细账户名称。若采用的是活页式账簿，可在定期装订后再按实际使用的账页顺序编制页数进行填列。在建账或结转新账时，应根据需要选择或确定会计科目，明细科目，并在账簿的账页上开设账户。在账页眉线上的有关位置要注明账户名称，然后，登记期初余额。在账页右侧，按鱼鳞参差形式粘贴上口取纸，标明账户名称，以利日后查找。每个账户都应留有所需的账页数，既不能少，不够使用，也不能多，造成浪费。

（二）设置账簿的要求

会计账簿设置的要求包括账簿设置种类的要求和账簿设置格式的要求。

1. 账簿设置种类的要求

设置账簿要能全面、系统地反映会计主体的经济活动情况，为经营管理提供必要的会计信息，贯彻统一性和灵活性原则。一般情况下要根据会计制度、管理需要和实际业务来决定，同时也要考虑本单位所选择的会计核算形式的影响。

在会计实务中，每个会计主体一般都应设置总账、明细账、日记账和备查账。

账簿的设置要求体系完整，组织严密，层次分明。各账簿之间既要有明确分工、互不重复，又要密切联系，互为补充；有关账簿之间要有统属关系或平行制约关系；要既便于记账，又便于报账和查账，并要注意人力、物力和财力的节约，避免过于繁琐。

2. 账簿设置格式的要求

（1）日记账簿的格式和登记要求。

为了加强对货币资金的管理，企业通常设置现金日记账和银行存款日记账。现金日记账和银行存款日记账是由出纳员分别根据审核后的现金收付款凭证和银行存款收付款凭证逐日逐笔顺序登记的。

日记账的账页可以采用三栏式或多栏式。

记 账 凭 证

年　　月　　日　　　　　　字第　　号

摘　　要	总账科目	明细科目	记账符号	借方金额										贷方金额									
				千	百	十	万	千	百	十	元	角	分	千	百	十	万	千	百	十	元	角	分

附单据　　张

财务主管　　　　记账　　　　出纳　　　　审核　　　　制单

记 账 凭 证

年　　月　　日　　　　　　字第　　号

摘　　要	总账科目	明细科目	记账符号	借方金额										贷方金额									
				千	百	十	万	千	百	十	元	角	分	千	百	十	万	千	百	十	元	角	分

附单据　　张

财务主管　　　　记账　　　　出纳　　　　审核　　　　制单

(三)账簿登记的要求

1. 登记账簿要及时

账簿登记的间隔时间,原则上越短越好。一般而言,总账是每日或隔几日定期登记,应根据企业单位所采用的会计核算形式,结合实际情况自行确定;根据原始凭证、原始凭证汇总表和记账凭证登记明细账,是每日进行登记还是定期进行登记也应根据企业单位的具体情况,但债权债务明细账和财产物资明细账应当每天登记,以便随时与对方单位结算,核对库存余额;库存现金日记账和银行存款日记账应当根据办理完毕的收付款凭证,随时逐笔顺序登记,至少每日登记一次。

2. 内容准确完整

登记会计账簿时,应当将会计凭证日期、编号、业务内容摘要、金额和其他有关资料逐项计入账内,做到数字准确、摘要清楚、登记及时、字迹工整。在填写日期时,为了保持账页的美观,每一页的第一笔业务的年、月应在年、月栏中填写,只要不跨年度或月度,以后本页再登记时,一律不填写月份。跨月登记时,应在上月的月结线下的月份栏内填写新的月份。对于每一项会计事项,一方面要计入有关的总账,另一方面要计入该总账所属的明细账。账簿记录中的日期,应该填写记账凭证上的日期;以自制的原始凭证如收料单、领料单等作为记账依据的,账簿记录中的日期应按有关自制凭证上的日期填列。账簿登记完毕后,在记账凭证"过账"栏内注明账簿的页数或作出记号(如打"√"等),表示已登记入账,以免重复登记或漏记,并便于查阅,同时在记账凭证上签名或盖章。

此外,负责登记账簿的会计人员,在登记账簿前,应对已经专门复核人员审查过的记账凭证再复核一遍,这是岗位责任制和内部牵制制度的要求。如果记账人员对记账凭证中的某些问题弄不明白,可以向填制记账凭证的人员或其他人员请教;如果认为记账凭证的处理有错误,可暂停登记,及时向会计主管人员反映,由其作出更改或照登的决定。在任何情况下,凡不兼任填制记账凭证工作的记账人员都不得自行更改记账凭证。

3. 账簿登记要连续

各种账簿应按事先所编定的页码顺序连续登记,不得跳行、隔页。如不慎出现跳行,隔页时,应将空行用斜线注销或用"此行空白"字样注销;将空页用"×"符号注销或用"此页空白"字样注销;并在空行中间或空页的"×"符号交叉点处盖章负责。对订本式账簿不得任意撕毁,对活页式账簿也不得任意抽换账页。

4. 使用便捷符号

为了提高记账工作效率,记账时可以使用下列便捷符号:

(1)按规定需要结出余额的科目,结出余额后,应当在"借或贷"等栏内写明"借"或"贷"字样。当科目余额结平时,应当在"借或贷"栏内用"平"字表示,并在余额栏内用"中"表示。

(2)号码顺序可用"#"表示,如第8号,可写成"#8",但不能写成"8#"。

(3)单价可用"@"表示,如单价10元,可写作"@10元"。

(4)已记账、已过账或数字核对无误的,可在"过账"或"记账"栏或数字后用"√"表示。

5. 正常记账使用蓝黑墨水

登记账簿要用蓝黑墨水或者碳素墨水书写,不得使用圆珠笔(银行的复写账簿除外)或者铅笔书写。在会计上,数字的颜色是重要的语素之一,它同数字和文字一起传达出会计信息,书写墨水的颜色用错了,其导致的概念混乱不亚于数字和文字的错误。

记账凭证

年　　月　　日　　　　　　　　字第　　号

摘要	总账科目	明细科目	记账符号	借方金额										贷方金额									
				千	百	十	万	千	百	十	元	角	分	千	百	十	万	千	百	十	元	角	分

附单据　　张

财务主管　　记账　　出纳　　审核　　制单

记账凭证

年　　月　　日　　　　　　　　字第　　号

摘要	总账科目	明细科目	记账符号	借方金额										贷方金额									
				千	百	十	万	千	百	十	元	角	分	千	百	十	万	千	百	十	元	角	分

附单据　　张

财务主管　　记账　　出纳　　审核　　制单

总 账

科目：

年		凭证号数	摘要	借方									贷方									借或贷	余额								
月	日			百	十	万	千	百	十	元	角	分	百	十	万	千	百	十	元	角	分		百	十	万	千	百	十	元	角	分

总 账

科目：

年		凭证号数	摘要	借方									贷方									借或贷	余额								
月	日			百	十	万	千	百	十	元	角	分	百	十	万	千	百	十	元	角	分		百	十	万	千	百	十	元	角	分

记账凭证

年　月　日　　　　字第　号

摘　要	总账科目	明细科目	记账符号	借方金额										贷方金额									
				千	百	十	万	千	百	十	元	角	分	千	百	十	万	千	百	十	元	角	分

附单据　张

财务主管　记账　出纳　审核　制单

记账凭证

年　月　日　　　　字第　号

摘　要	总账科目	明细科目	记账符号	借方金额										贷方金额									
				千	百	十	万	千	百	十	元	角	分	千	百	十	万	千	百	十	元	角	分

附单据　张

财务主管　记账　出纳　审核　制单

总 账

科目：

年		凭证号数	摘要	借方									贷方									借或贷	余额								
月	日			百	十	万	千	百	十	元	角	分	百	十	万	千	百	十	元	角	分		百	十	万	千	百	十	元	角	分

总 账

科目：

年		凭证号数	摘要	借方									贷方									借或贷	余额								
月	日			百	十	万	千	百	十	元	角	分	百	十	万	千	百	十	元	角	分		百	十	万	千	百	十	元	角	分

记 账 凭 证

年　　月　　日　　　　　　　　字第　　号

摘　要	总账科目	明细科目	记账符号	借方金额										贷方金额									
				千	百	十	万	千	百	十	元	角	分	千	百	十	万	千	百	十	元	角	分

附单据　　张

财务主管　　　　记账　　　　出纳　　　　审核　　　　制单

记 账 凭 证

年　　月　　日　　　　　　　　字第　　号

摘　要	总账科目	明细科目	记账符号	借方金额										贷方金额									
				千	百	十	万	千	百	十	元	角	分	千	百	十	万	千	百	十	元	角	分

附单据　　张

财务主管　　　　记账　　　　出纳　　　　审核　　　　制单

总 账

科目：

年		凭证号数	摘要	借方									贷方									借或贷	余额								
月	日			百	十	万	千	百	十	元	角	分	百	十	万	千	百	十	元	角	分		百	十	万	千	百	十	元	角	分

总 账

科目：

年		凭证号数	摘要	借方									贷方									借或贷	余额								
月	日			百	十	万	千	百	十	元	角	分	百	十	万	千	百	十	元	角	分		百	十	万	千	百	十	元	角	分

记账凭证

年　　月　　日　　　　　　字第　　号

摘　要	总账科目	明细科目	记账符号	借方金额										贷方金额									
				千	百	十	万	千	百	十	元	角	分	千	百	十	万	千	百	十	元	角	分

附单据　　张

财务主管　　　　记账　　　　出纳　　　　审核　　　　制单

记账凭证

年　　月　　日　　　　　　字第　　号

摘　要	总账科目	明细科目	记账符号	借方金额										贷方金额									
				千	百	十	万	千	百	十	元	角	分	千	百	十	万	千	百	十	元	角	分

附单据　　张

财务主管　　　　记账　　　　出纳　　　　审核　　　　制单

总　账

科目：

年		凭证号数	摘要	借方									贷方									借或贷	余额								
月	日			百	十	万	千	百	十	元	角	分	百	十	万	千	百	十	元	角	分		百	十	万	千	百	十	元	角	分

总　账

科目：

年		凭证号数	摘要	借方									贷方									借或贷	余额								
月	日			百	十	万	千	百	十	元	角	分	百	十	万	千	百	十	元	角	分		百	十	万	千	百	十	元	角	分

【实训五】 账簿的设置和登记

会计账簿简称账簿，是由具有一定格式、相互联系的若干账面组成，以会计凭证为依据，全面、连续、系统、分类地记录各项经济业务的会计簿籍。设置和登记账簿，是编制会计报表的基础，是连接会计凭证和会计报表的中间环节，在会计核算中具有重要意义。

一、实训目的

本项实训的主要目的是：了解会计账簿的种类和基本结构，熟悉登记账簿的一般要求，掌握会计账簿启用、设置、三栏式和多栏式、数量金额式的日记账、明细账的登记及会计账簿保管的基本操作技能。

二、实训步骤

1. 实训准备阶段

(1)认识各种会计账簿及其结构，熟悉各种记账用品；

(2)观看已登记各种会计账簿；

(3)熟悉各种业务资料。

2. 正式实训阶段

其具体步骤是：

(1)根据《小企业会计制度》和其他有关规定开设总分类账簿、有关明细分类账簿和日记账簿，登记“账簿启用及交接表”和“账户目录表”，并根据实训资料，登记期初余额；

(2)根据实训资料，编制记账凭证；

(3)根据记账凭证登记会计账簿，；

(4)会计账簿的保管。

3. 实训总结阶段

填写“实训报告单”。

三、实训要求

(1)账簿设置和启用方法。

(2)账簿登记方法。

四、实训指导

（一）启用账簿的要求

（1）为了保证账簿记录的合法性和完整性，明确记账责任，在账簿启用时，应当在账簿封面上载明账簿名称和单位名称，在扉页上注明账簿编号、账簿册数、账簿共计页数、启用日期、记账人员姓名、主管人员姓名和账户目录等，并加盖公章。中途更换记账人员需要在交接记录中登记并签章，同时需有会计主管人员监交并签章。

（2）为确保账簿记录的合法性与安全性，明确有关人员的责任和便于日后查考，启用新的会计账簿时，应当在账簿封面上写明单位名称、账簿名称及起讫日期；填写账簿扉页上的“启用表”，注明启用日期、账簿起止页数（活页账簿可于装订时填写起止页数）、记账人员和会计机构负责人、会计主管人员姓名，并加盖名章和单位公章。当记账人员或会计机构负责人、会计主管人员调动工作时，也要在“启用表”上注明交接日期、接办人员和监交人员姓名，并由交接双方签名或盖章。启用订本式账户，应按顺序编定页数使用，不得跳页、缺号。使用活页式账页，应按账户顺序编号，并装订成份。年度终了再按实际使用的账页顺序编定页数和建立账户目录。总账按一级会计科目设立，明细账原则上按国家及企业会计制度规定的明细科目分别设立。粘贴印花税票。

（3）在启用账簿时，应在账簿的扉页填列“账簿启用登记表”，详细载明：单位名称，账簿名称，账簿编号，账簿页数，启用日期，加盖单位公章，并由会计主管人员和记账人员签章。更换记账人员时，应办理交接手续，在交接记录内填写交接日期和交接人，监交人姓名，加盖名章。

（4）在启用账簿时，还应填写“账户目录表”。总账账户按照科目编号和科目名称填列，写明各自的起讫页数。明细账户除按照科目编号和科目名称填列外，还要填明所属明细账户名称。若采用的是活页式账簿，可在定期装订后再按实际使用的账页顺序编制页数进行填列。在建账或结转新账时，应根据需要选择或确定会计科目，明细科目，并在账簿的账页上开设账户。在账页眉线上的有关位置要注明账户名称，然后，登记期初余额。在账页右侧，按鱼鳞参差形式粘贴上口取纸，标明账户名称，以利日后查找。每个账户都应留有所需的账页数，既不能少，不够使用，也不能多，造成浪费。

（二）设置账簿的要求

会计账簿设置的要求包括账簿设置种类的要求和账簿设置格式的要求。

1. 账簿设置种类的要求

设置账簿要能全面、系统地反映会计主体的经济活动情况，为经营管理提供必要的会计信息，贯彻统一性和灵活性原则。一般情况下要根据会计制度、管理需要和实际业务来决定，同时也要考虑本单位所选择的会计核算形式的影响。

在会计实务中，每个会计主体一般都应设置总账、明细账、日记账和备查账。

账簿的设置要求体系完整，组织严密，层次分明。各账簿之间既要有明确分工、互不重复，又要密切联系，互为补充；有关账簿之间要有统属关系或平行制约关系；要既便于记账，又便于报账和查账，并要注意人力、物力和财力的节约，避免过于繁琐。

2. 账簿设置格式的要求

（1）日记账簿的格式和登记要求。

为了加强对货币资金的管理，企业通常设置现金日记账和银行存款日记账。现金日记账和银行存款日记账是由出纳员分别根据审核后的现金收付款凭证和银行存款收付款凭证逐日逐笔顺序登记的。

日记账的账页可以采用三栏式或多栏式。

①三栏式日记账。

日记账的格式一般采用借方、贷方、余额三栏式。为了更加直观的表现货币资金的进出，也可以采用收入、付出、结余三栏来代替借贷余三栏。

②多栏式日记账。

现金和银行存款收付业务较多的企业也可以采用多栏式的现金日记账和银行存款日记账。

由于多栏式日记账是按照现金和银行存款收付的每一对应科目设专栏进行序时、分类登记的，能较为全面、清晰地反映现金和银行存款收付的来龙去脉，月末比较容易根据各对应科目汇总发生额，然后将收入和支出两部分的合计数直接登记总账，因此比较适合在手工记账方式下采用。

③日记账的登记。

日记账应逐日逐笔顺序登记。

登记日记账还应做到日清月结，即每日登记完毕后，应将当日收入、付出分别进行合计，同时根据期初数计算余额。每月末还应算出当月收入、付出的合计数及余额，以便及时与库存现金实有额和银行送来的对账单进行核对。

在登记日记账时要注意的是：对于从银行提取现金的收入数，一般规定填制银行存款付款凭证，所以应直接根据银行存款付款凭证登记现金日记账，不要再填制现金收款凭证记账，以免重复登记。同样，对于把现金存入银行的收入数或从其他银行存款户转存的收入数，也应该根据现金付款凭证或银行存款付款凭证登记日记账。

(2)明细分类账簿的格式和登记要求。

明细分类账是按照总分类账的二级科目或明细科目开设账户，用来分类登记经济业务的账簿。明细分类账簿按外表形式一般可采用活页式账簿或卡片式账簿。根据管理要求和各种明细分类账记录的内容不同，明细分类账的格式主要有三栏式、多栏式和数量金额式。

①三栏式。

三栏式明细账适用于只要求提供货币信息而不需要提供非货币信息(实物量指标等)的账户，如债权、债务等，常用于应付账款、应收账款、其他应收款、其他应付款等的登记工作。

②多栏式。

多栏式明细分类账簿是将属于同一个一级账户或二级账户的明细账户，合并在一张账页上进行登记，以集中提供同类一组的若干详细资料。即在“借方发生额”和“贷方发生额”之下，再分别设置若干金额栏，分栏登记各明细账的发生额。

多栏式非常适用于费用、成本和收入、利润等类账户的明细分类核算。在实际工作中，生产成本、制造费用、管理费用、销售费用等账户的多栏式明细分类账，可以只按借方发生额设置专栏，而贷方发生额由于每月只发生一笔或少数几笔，可运用红字冲账原理在有关栏内用红字登记。

③数量金额式。

数量金额式明细账适用于既要进行金额核算又要进行实物量核算的财产物资科目。

(3)总分类账簿的格式和登记要求 。

总分类账是按照总分类账户分类登记全部经济业务的账簿。运用总分类账，可以全面、系统、综合地反映企业经济业务的活动情况和财务收支情况，是编制会计报表的重要依据。任何企业都必须设置总分类账。为了保证账簿资料的安全、完整，总分类账簿应采用订本式账簿。由于总分类账只登记各账户金额的增减变化。所以，总分类账的格式一般设置借方、贷方和余额三栏式。

（三）账簿登记的要求

1. 登记账簿要及时

账簿登记的间隔时间，原则上越短越好。一般而言，总账是每日或隔几日定期登记，应根据企业单位所采用的会计核算形式，结合实际情况自行确定；根据原始凭证、原始凭证汇总表和记账凭证登记明细账，是每日进行登记还是定期进行登记也应根据企业单位的具体情况，但债权债务明细账和财产物资明细账应当每天登记，以便随时与对方单位结算，核对库存余额；库存现金日记账和银行存款日记账应当根据办理完毕的收付款凭证，随时逐笔顺序登记，至少每日登记一次。

2. 内容准确完整

登记会计账簿时，应当将会计凭证日期、编号、业务内容摘要、金额和其他有关资料逐项计入账内，做到数字准确、摘要清楚、登记及时、字迹工整。在填写日期时，为了保持账页的美观，每一页的第一笔业务的年、月应在年、月栏中填写，只要不跨年度或月度，以后本页再登记时，一律不填写月份。跨月登记时，应在上月的月结线下的月份栏内填写新的月份。对于每一项会计事项，一方面要计入有关的总账，另一方面要计入该总账所属的明细账。账簿记录中的日期，应该填写记账凭证上的日期；以自制的原始凭证如收料单、领料单等作为记账依据的，账簿记录中的日期应按有关自制凭证上的日期填列。账簿登记完毕后，在记账凭证“过账”栏内注明账簿的页数或作出记号（如打“√”等），表示已登记入账，以免重复登记或漏记，并便于查阅，同时在记账凭证上签名或盖章。

此外，负责登记账簿的会计人员，在登记账簿前，应对已经专门复核人员审查过的记账凭证再复核一遍，这是岗位责任制和内部牵制制度的要求。如果记账人员对记账凭证中的某些问题弄不明白，可以向填制记账凭证的人员或其他人员请教；如果认为记账凭证的处理有错误，可暂停登记，及时向会计主管人员反映，由其作出更改或照登的决定。在任何情况下，凡不兼任填制记账凭证工作的记账人员都不得自行更改记账凭证。

3. 账簿登记要连续

各种账簿应按事先所编定的页码顺序连续登记，不得跳行、隔页。如不慎出现跳行，隔页时，应将空行用斜线注销或用“此行空白”字样注销；将空页用“×”符号注销或用“此页空白”字样注销；并在空行中间或空页的“×”符号交叉点处盖章负责。对订本式账簿不得任意撕毁，对活页式账簿也不得任意抽换账页。

4. 使用便捷符号

为了提高记账工作效率，记账时可以使用下列便捷符号：

（1）按规定需要结出余额的科目，结出余额后，应当在“借或贷”等栏内写明“借”或“贷”字样。当科目余额结平时，应当在“借或贷”栏内用“平”字表示，并在余额栏内用“中”表示。

（2）号码顺序可用“#”表示，如第 8 号，可写成“#8”，但不能写成“8#”。

（3）单价可用“@”表示，如单价 10 元，可写作“@10 元”。

（4）已记账、已过账或数字核对无误的，可在“过账”或“记账”栏或数字后用“√”表示。

5. 正常记账使用蓝黑墨水

登记账簿要用蓝黑墨水或者碳素墨水书写，不得使用圆珠笔（银行的复写账簿除外）或者铅笔书写。在会计上，数字的颜色是重要的语素之一，它同数字和文字一起传达出会计信息，书写墨水的颜色用错了，其导致的概念混乱不亚于数字和文字的错误。

6. **特殊记账使用红墨水**

对在登记账簿中使用红色墨水的问题,依据财政部会计基础工作规范的规定,下列情况可以用红色墨水记账:①按照红字冲账的记账凭证,冲销错误记录;②在不设借贷等栏的多栏式账页中,登记减少数;③在三栏式账户的余额栏前,如未印明余额方向的,在余额栏内登记负数余额;④根据国家统一会计制度的规定可以用红字登记的其他会计记录。

7. **结出余额**

凡需要结出余额的账户,结出余额后,应当在"借或贷"等栏内写明"借"或者"贷"等字样。没有余额的账户,应当在"借或贷"等栏内写"平"字,并在余额栏内用"0"表示。现金日记账和银行存款日记账必须逐日结出余额。一般说来,对于没有余额的账户,在余额栏内标注的"0"应当放在"元"位。

8. **登记出错**

登记发生错误时,必须按规定方法更正,严禁刮、擦、挖、补,或使用化学药物清除字迹。发现差错必须根据差错的具体情况采用划线更正、红字更正、补充登记等方法更正。

9. **过次承前**

每一账页登记完毕结转下页时,应当结出本页合计数及余额,写在本页最后一行和下页第一行有关栏内,并在摘要栏内注明"过次页"和"承前页"字样;也可以将本页合计数及金额只写在下页第一行有关栏内,并在摘要栏内注明"承前页"字样。也就是说,"过次页"和"承前页"的方法有两种:一是在本页最后一行内结出发生额合计数及余额,然后过次页并在次页第一行承前页;二是只在次页第一行承前页写出发生额合计数及余额,不在上页最后一行结出发生额合计数及余额后过次页。

10. **定期打印**

对于实行会计电算化的企业,为了便于审计和加强会计信息的安全与完整性,财政部(会计基础工作规范)提出了打印要求:"实行会计电算化的单位,总账和明细账应当定期打印";"发生收款和付款业务的,在输入收款凭证和付款凭证的当天必须打印出现金日记账和银行存款日记账,并与库存现金核对无误。"这是因为在以机器或其他磁性介质储存的状态下,各种资料或数据的直观性不强,而且信息处理的过程不明,不便于进行某些会计操作和进行内部或外部审计,对会计信息的安全和完整也不利。

(四)会计账簿的保管

企业的账簿同会计凭证和会计报表一样,都属于重要的经济档案和历史资料,应当妥善保管以供检查、分析和审计。活页式和卡片式账簿在使用完毕后必须装订成册或封扎保管。装订成册的账簿都应加贴封签,并由会计主管签章。账簿的保管期限,应按会计法的规定执行。

五、实训资料

根据前面给的期初余额资料登记总分类账和明细账簿的期初余额。

根据【实训三】记账凭证登记总分类账和明细账簿的本期发生额。

总账

科目：

年		凭证号数	摘要	借方									贷方									借或贷	余额								
月	日			百	十	万	千	百	十	元	角	分	百	十	万	千	百	十	元	角	分		百	十	万	千	百	十	元	角	分

总账

科目：

年		凭证号数	摘要	借方									贷方									借或贷	余额								
月	日			百	十	万	千	百	十	元	角	分	百	十	万	千	百	十	元	角	分		百	十	万	千	百	十	元	角	分

总账

科目：

年		凭证号数	摘要	借方									贷方									借或贷	余额								
月	日			百	十	万	千	百	十	元	角	分	百	十	万	千	百	十	元	角	分		百	十	万	千	百	十	元	角	分

总 账

科目：

年		凭证号数	摘要	借方									贷方									借或贷	余额								
月	日			百	十	万	千	百	十	元	角	分	百	十	万	千	百	十	元	角	分		百	十	万	千	百	十	元	角	分

总 账

科目：

年		凭证号数	摘要	借方									贷方									借或贷	余额								
月	日			百	十	万	千	百	十	元	角	分	百	十	万	千	百	十	元	角	分		百	十	万	千	百	十	元	角	分

总 账

科目：

年		凭证号数	摘 要	借 方									贷 方									借或贷	余 额								
月	日			百	十	万	千	百	十	元	角	分	百	十	万	千	百	十	元	角	分		百	十	万	千	百	十	元	角	分

总账

科目：

年		凭证号数	摘要	借方									贷方									借或贷	余额								
月	日			百	十	万	千	百	十	元	角	分	百	十	万	千	百	十	元	角	分		百	十	万	千	百	十	元	角	分

总 账

科目：

年		凭证号数	摘要	借方									贷方									借或贷	余额								
月	日			百	十	万	千	百	十	元	角	分	百	十	万	千	百	十	元	角	分		百	十	万	千	百	十	元	角	分

总账

科目：

年		凭证号数	摘要	借方									贷方									借或贷	余额								
月	日			百	十	万	千	百	十	元	角	分	百	十	万	千	百	十	元	角	分		百	十	万	千	百	十	元	角	分

总账

科目：

年		凭证号数	摘要	借方									贷方									借或贷	余额								
月	日			百	十	万	千	百	十	元	角	分	百	十	万	千	百	十	元	角	分		百	十	万	千	百	十	元	角	分

总账

科目：

年		凭证号数	摘要	借方									贷方									借或贷	余额								
月	日			百	十	万	千	百	十	元	角	分	百	十	万	千	百	十	元	角	分		百	十	万	千	百	十	元	角	分

总 账

科目：

年		凭证号数	摘要	借方									贷方									借或贷	余额								
月	日			百	十	万	千	百	十	元	角	分	百	十	万	千	百	十	元	角	分		百	十	万	千	百	十	元	角	分

总账

科目：

年		凭证号数	摘要	借方									贷方									借或贷	余额								
月	日			百	十	万	千	百	十	元	角	分	百	十	万	千	百	十	元	角	分		百	十	万	千	百	十	元	角	分

总账

科目：

年		凭证号数	摘要	借方									贷方									借或贷	余额								
月	日			百	十	万	千	百	十	元	角	分	百	十	万	千	百	十	元	角	分		百	十	万	千	百	十	元	角	分

总账

科目：

年		凭证号数	摘要	借方									贷方									借或贷	余额								
月	日			百	十	万	千	百	十	元	角	分	百	十	万	千	百	十	元	角	分		百	十	万	千	百	十	元	角	分

总 账

科目：

年		凭证号数	摘 要	借 方									贷 方									借或贷	余 额								
月	日			百	十	万	千	百	十	元	角	分	百	十	万	千	百	十	元	角	分		百	十	万	千	百	十	元	角	分

总账

科目：

年		凭证号数	摘要	借方									贷方									借或贷	余额								
月	日			百	十	万	千	百	十	元	角	分	百	十	万	千	百	十	元	角	分		百	十	万	千	百	十	元	角	分

总账

科目：

年		凭证号数	摘要	借方									贷方									借或贷	余额								
月	日			百	十	万	千	百	十	元	角	分	百	十	万	千	百	十	元	角	分		百	十	万	千	百	十	元	角	分

总 账

科目：

年		凭证号数	摘要	借方									贷方									借或贷	余额								
月	日			百	十	万	千	百	十	元	角	分	百	十	万	千	百	十	元	角	分		百	十	万	千	百	十	元	角	分

总账

科目：

年		凭证号数	摘要	借方									贷方									借或贷	余额								
月	日			百	十	万	千	百	十	元	角	分	百	十	万	千	百	十	元	角	分		百	十	万	千	百	十	元	角	分

总账

科目：

年		凭证号数	摘要	借方									贷方									借或贷	余额								
月	日			百	十	万	千	百	十	元	角	分	百	十	万	千	百	十	元	角	分		百	十	万	千	百	十	元	角	分

总 账

科目：

年		凭证号数	摘要	借方									贷方									借或贷	余额								
月	日			百	十	万	千	百	十	元	角	分	百	十	万	千	百	十	元	角	分		百	十	万	千	百	十	元	角	分

总账

科目：

年		凭证号数	摘要	借方									贷方									借或贷	余额								
月	日			百	十	万	千	百	十	元	角	分	百	十	万	千	百	十	元	角	分		百	十	万	千	百	十	元	角	分

总账

科目：

年		凭证号数	摘要	借方									贷方									借或贷	余额							
月	日			百	十	万	千	百	十	元	角	分	百	十	万	千	百	十	元	角	分		百	十	万	千	百	十	元	角	分

总 账

科目：

年		凭证号数	摘要	借方									贷方									借或贷	余额								
月	日			百	十	万	千	百	十	元	角	分	百	十	万	千	百	十	元	角	分		百	十	万	千	百	十	元	角	分

总账

科目：

年		凭证号数	摘要	借方									贷方									借或贷	余额								
月	日			百	十	万	千	百	十	元	角	分	百	十	万	千	百	十	元	角	分		百	十	万	千	百	十	元	角	分

总账

科目：

年		凭证号数	摘要	借方									贷方									借或贷	余额								
月	日			百	十	万	千	百	十	元	角	分	百	十	万	千	百	十	元	角	分		百	十	万	千	百	十	元	角	分

总账

科目：

年		凭证号数	摘要	借方									贷方									借或贷	余额								
月	日			百	十	万	千	百	十	元	角	分	百	十	万	千	百	十	元	角	分		百	十	万	千	百	十	元	角	分

总账

科目：

年		凭证号数	摘要	借方									贷方									借或贷	余额								
月	日			百	十	万	千	百	十	元	角	分	百	十	万	千	百	十	元	角	分		百	十	万	千	百	十	元	角	分

总 账

科目：

年		凭证号数	摘要	借方									贷方									借或贷	余额								
月	日			百	十	万	千	百	十	元	角	分	百	十	万	千	百	十	元	角	分		百	十	万	千	百	十	元	角	分

总账

科目：

年		凭证号数	摘要	借方									贷方									借或贷	余额								
月	日			百	十	万	千	百	十	元	角	分	百	十	万	千	百	十	元	角	分		百	十	万	千	百	十	元	角	分

现金日记账

科目：

年		凭证号数	摘要	借方									贷方									借或贷	余额								
月	日			百	十	万	千	百	十	元	角	分	百	十	万	千	百	十	元	角	分		百	十	万	千	百	十	元	角	分

现金日记账

科目：

年		凭证号数	摘要	借方									贷方									借或贷	余额								
月	日			百	十	万	千	百	十	元	角	分	百	十	万	千	百	十	元	角	分		百	十	万	千	百	十	元	角	分

银行存款日记账

科目：

年		凭证号数	摘要	借方									贷方									借或贷	余额								
月	日			百	十	万	千	百	十	元	角	分	百	十	万	千	百	十	元	角	分		百	十	万	千	百	十	元	角	分

银行存款日记账

科目：

年		凭证号数	摘要	借方									贷方									借或贷	余额								
月	日			百	十	万	千	百	十	元	角	分	百	十	万	千	百	十	元	角	分		百	十	万	千	百	十	元	角	分

明细账

二级科目：

年		凭证号数	摘要	借方									贷方									借或贷	余额								
月	日			百	十	万	千	百	十	元	角	分	百	十	万	千	百	十	元	角	分		百	十	万	千	百	十	元	角	分

明细账

二级科目：

年		凭证号数	摘要	借方									贷方									借或贷	余额								
月	日			百	十	万	千	百	十	元	角	分	百	十	万	千	百	十	元	角	分		百	十	万	千	百	十	元	角	分

明细账

二级科目：

年		凭证号数	摘要	借方									贷方									借或贷	余额								
月	日			百	十	万	千	百	十	元	角	分	百	十	万	千	百	十	元	角	分		百	十	万	千	百	十	元	角	分

明细账

二级科目：

年		凭证号数	摘要	借方									贷方									借或贷	余额								
月	日			百	十	万	千	百	十	元	角	分	百	十	万	千	百	十	元	角	分		百	十	万	千	百	十	元	角	分

明细账

二级科目：

年		凭证号数	摘要	借方									贷方									借或贷	余额								
月	日			百	十	万	千	百	十	元	角	分	百	十	万	千	百	十	元	角	分		百	十	万	千	百	十	元	角	分

明细账

二级科目：

年		凭证号数	摘要	借方									贷方									借或贷	余额								
月	日			百	十	万	千	百	十	元	角	分	百	十	万	千	百	十	元	角	分		百	十	万	千	百	十	元	角	分

明细账

二级科目：

年		凭证号数	摘要	借方									贷方									借或贷	余额								
月	日			百	十	万	千	百	十	元	角	分	百	十	万	千	百	十	元	角	分		百	十	万	千	百	十	元	角	分

明细账

二级科目：

年		凭证号数	摘要	借方									贷方									借或贷	余额								
月	日			百	十	万	千	百	十	元	角	分	百	十	万	千	百	十	元	角	分		百	十	万	千	百	十	元	角	分

明细账

二级科目：

年		凭证号数	摘要	借方									贷方									借或贷	余额								
月	日			百	十	万	千	百	十	元	角	分	百	十	万	千	百	十	元	角	分		百	十	万	千	百	十	元	角	分

明细账

二级科目：

年		凭证号数	摘要	借方									贷方									借或贷	余额								
月	日			百	十	万	千	百	十	元	角	分	百	十	万	千	百	十	元	角	分		百	十	万	千	百	十	元	角	分

明细账

二级科目：

年		凭证号数	摘要	借方									贷方									借或贷	余额								
月	日			百	十	万	千	百	十	元	角	分	百	十	万	千	百	十	元	角	分		百	十	万	千	百	十	元	角	分

明细账

二级科目：

年		凭证号数	摘要	借方									贷方									借或贷	余额								
月	日			百	十	万	千	百	十	元	角	分	百	十	万	千	百	十	元	角	分		百	十	万	千	百	十	元	角	分

明细账

二级科目：

年		凭证号数	摘要	借方									贷方									借或贷	余额								
月	日			百	十	万	千	百	十	元	角	分	百	十	万	千	百	十	元	角	分		百	十	万	千	百	十	元	角	分

明细账

二级科目：

年		凭证号数	摘要	借方									贷方									借或贷	余额								
月	日			百	十	万	千	百	十	元	角	分	百	十	万	千	百	十	元	角	分		百	十	万	千	百	十	元	角	分

明细账

二级科目：

年		凭证号数	摘要	借方									贷方									借或贷	余额							
月	日			百	十	万	千	百	十	元	角	分	百	十	万	千	百	十	元	角	分		百	十	万	千	百	十	元	角	分

明细账

二级科目：

年		凭证号数	摘要	借方									贷方									借或贷	余额								
月	日			百	十	万	千	百	十	元	角	分	百	十	万	千	百	十	元	角	分		百	十	万	千	百	十	元	角	分

明细账

二级科目：

年		凭证号数	摘要	借方									贷方									借或贷	余额								
月	日			百	十	万	千	百	十	元	角	分	百	十	万	千	百	十	元	角	分		百	十	万	千	百	十	元	角	分

明细账

二级科目：

年		凭证号数	摘要	借方									贷方									借或贷	余额								
月	日			百	十	万	千	百	十	元	角	分	百	十	万	千	百	十	元	角	分		百	十	万	千	百	十	元	角	分

明细账

二级科目：

年		凭证号数	摘要	借方									贷方									借或贷	余额								
月	日			百	十	万	千	百	十	元	角	分	百	十	万	千	百	十	元	角	分		百	十	万	千	百	十	元	角	分

明细账

二级科目：

年		凭证号数	摘要	借方									贷方									借或贷	余额								
月	日			百	十	万	千	百	十	元	角	分	百	十	万	千	百	十	元	角	分		百	十	万	千	百	十	元	角	分

【实训六】 错账更正

在实际工作中,记账不可避免会发生一些差错,如重记、漏记、数字颠倒、数字错位、会计账户名称记错等,从而产生错账。在发现错账之后,要根据产生错账的不同原因,使用不同的更正方法,常用的错账更正方法主要有划线更正法、红字更正法和补充登记法。

一、实训目的

练习错账的更正方法。要求学生掌握错账的三种更正方法。

二、实训步骤

1. 实训准备阶段

(1)认识各种会计账簿及其结构,熟悉各种记账用品;

(2)观看已登记各种会计账簿;

(3)熟悉各种业务资料。

2. 正式实训阶段

具体步骤如下:

(1)检查业务处理是否正确;

(2)对错误的类型进行区别,选择合适的更正方法;

(3)对错误进行更正。

三、实训要求

(1)模拟实务操作等同于实际工作,应按照会计核算程序及有关规章制度,认真登记会计账簿。

(2)模拟训练时,必须先认真思考理解实训步骤再动手操作,做完后要认真检查,防止遗漏和错误。

(3)实训时一律使用统一格式的账簿、账簿的登记要按有关规定填写清楚、完整。

(4)在更改错账时,除按规定必须用红墨水笔外,所有文字、数字都应使用黑(蓝黑)墨水笔书写。

(5)书写有错误时,应按规定方法改正,不得任意涂改、刮擦和挖补,改正之后须在改写的地方加盖自己的印章。

(6)文字和数字书写要正确、整洁、清楚、规范。

(7)要按规定的时间,完成模拟实务训练的全部任务。

四、实训指导

(一)划线更正法

划线更正法适用于在结账前发现账簿记录中文字、数字有错误,而其所依据的记账凭证并无错误的情况。更正的方法是:将错误的文字或数字划一条红线注销，同时使原有字迹仍可辨认，以备考查；然后，在划线上方空白处用蓝字或黑字写上正确的文字或数字，并由会计人员和会计机构负责人在更正处盖章。对于文字错误，可只划去错误部分。而对于数字错误，必须将整笔数字用红线全部划去，不能只划去其中的几个错误数字。如将6900错写成9600，应将9600整个数字全部用红线划去，再在红线上面空白处用蓝字或黑字写6900予以更正。

（二）红字更正法

红字更正法又称红字注销，是指用红字冲销或冲减原记数额，以更正或调整账簿记录错误的一种方法。一般适用于以下两种情况：

（1）记账凭证中应借应贷的会计科目、记账方向或金额有错误，并且已经登记入账，无论结账前后，都可以用红字更正法更正。更正的方法是：先用红字金额填写一张内容与原错误记账凭证会计科目、记账方向和金额完全相同的记账凭证，并在摘要栏中注明"订正某年某月某号凭证"，并据以用红字登记入账，冲销原有的错误记录；然后，再用蓝字或黑字重新填制一张正确的记账凭证，在摘要栏注明"补记某年某月某号凭证"，并据以用蓝字或黑字登记账簿。

（2）记账后发现记账凭证中应借应贷科目无误，只是所记金额大于应记金额，这时可采用红字更正法。将多记的金额（即正确金额与错误金额之间的差额）用红字填制一张与原错误记账凭证所记载的应借应贷会计科目和记账方向完全相同的记账凭证，在摘要栏注明"冲销某年某月某号凭证多记金额"字样，并据以登记入账，以冲销多记的金额，求得正确金额。

（三）补充登记法

补充登记法又称蓝字补记法，记账以后、结账前，发现记账凭证中应借、应贷会计科目和方向并无错误，只是所记金额小于应记金额，这时可采用补充登记法。将少记的金额（即正确数与错误数之间的差额）用蓝字或黑字填写一张与原错误记账凭证记账方向、应借应贷会计科目相同的记账凭证，并在摘要栏内注明"补记某年某月某号凭证少记金额"，并据以登记入账，以补充少记的金额。

五、实训资料

哈尔滨宏鹏电子有限公司20××年6月份结账前发现下列记账凭证的内容或账簿有误：

（1）以现金支付管理部门零星购置的办公用品费278元。记账时均误记为287。原会计分录为：

借：管理费用　　287

　　贷：库存现金　　　　287

更正：

（2）将多余现金680元送存银行。已记账。原会计分录为

借：银行存款　　860

　　贷：库存现金　　　　860

更正：

（3）总部管理人员预借差旅费2,000元，以现金支付，已根据如下凭证记账。

借:其他应收款　200
　贷:库存现金　　　　200
更正:

(4)车间领用材料2,000元用于一般耗费。已根据如下凭证登账。
借:管理费用　　　2,000
　　　贷:原材料　　　　2,000
更正:

(5)结转本月完工产品成本5,000元。原会计分录为:
借:库存商品　　　　5,000
　贷:制造费用　　　　5,000
更正:

(6)开出转账支票600元,支付罚金。已根据如下凭证记账。
借:其他业务成本　　600
　贷:银行存款　　　　　600
更正:

(7)签发转账支票,支付前欠货款87000元。已根据如下凭证记账。
借:应付账款　　　78,000
　贷:银行存款　　　　78,000
更正:

(8)分配本月工资费用112,000元,其中:生产工人工资80,000元,车间管理人员工资20,000元,总部管理人工资12,000元,已根据如下凭证记账。
借:生产成本　　　100,000
　管理费用　　　12,000

贷:应付职工薪酬　　112,000

更正:

(9)购入需要安装的一台机器设备,价款10,000元,增值税1,700元,以银行存款支付。原分录为:

借:固定资产　10,000

应交税费-应交增值税(进项税额)　1,700

贷:银行存款　11,700

更正:

(10)公司支付电费6,000元,银行存款支付。已根据如下凭证记账。

借:管理费用　600

贷:银行存款　600

更正:

【实训七】　对账、结账

对账是在有关经济业务已经登记入账以后进行的账簿核对。它是会计核算工作中的一项重要内容。

在会计工作中,由于各种原因,账簿记录难免会发生差错,也难免会出现账实不符的现象。为了保证账簿记录完整、准确,为编制财务报表提供真实、可靠的资料,在有关经济业务登记入账之后,必须要对账簿记录进行核对。对账分为日常核对和定期核对。日常核对是指会计人员在编制会计凭证时,对原始凭证和记账凭证的审核,在登记账簿时,对账簿记录与会计凭证的核对;定期核对是指在期末结账前,对会计凭证、账簿记录等进行核对。对账工作每年至少进行一次。

结账是指在将本期发生的经济业务全部登记入账的基础上,结算出每个账户的本期发生额和期末余额。结账工作的内容通常包括两个方面:一是结清各种损益类账户,并据以确定该会计期间的利润;二是结清资产、负债和所有者权益账户,分别结出本期发生额合计数和期末余额,并转入下期,作为下期的期初余额。

一、实训目的

通过本实训使学生掌握对账、结账的内容、基本工作程序及操作方法。

二、实训要求

通过本实训使学生掌握对账、结账的内容、基本工作程序及操作方法。

三、实训指导

(一)对账的内容

对账的主要内容包括以下几个方面：

1. 账证核对

账证核对是指将各种账簿记录与记账凭证和原始单据进行核对。核对的重点是会计账簿记录与原始凭证、记账凭证的时间、凭证字号、业务内容、金额和会计分录是否相符,如果发现账证不符,应重新对账簿记录和会计凭证进行复核,直到查出错误的原因为止,以保证账证相符。

2. 账账核对

账账核对是指将各种账簿之间的有关记录进行相互核对。具体内容包括：

(1)总分类账各账户的期末借方余额合计数与期末贷方余额合计数的核对；

(2)总分类账户期末余额要与其所属明细分类账户期末余额核对相符；

(3)现金和银行存款日记账期末余额要分别与现金和银行存款总账的期末余额核对相符；

(4)会计部门有关财产物资明细分类账的余额,同财产物资保管部门或使用部门明细分类账的余额,应保证定期核对相符。

3. 账实核对

账实核对是指各种财产物资和债权债务等结算款项的账面余额与实有数额之间的核对。具体内容主要包括：

(1)现金日记账的账面余额与库存现金实有数额相核对；

(2)银行存款日记账的账面余额与银行对账单余额相核对；

(3)固定资产、原材料、库存商品等各种财产物资明细账账面余额与财产物资的实有数额相核对；

(4)各种应收、应付款明细账账面余额与有关债权、债务单位或者个人相核对。

4. 账表核对

账表核对是指核对各种账簿有关数字是否与月、季、年度会计报表中的数字一致,有无为赶编报表、弄虚作假提前结账或挪后入账的现象,保证账表相符。

(二)结账的要求

(1)结账前,必须将本期内所发生的各项经济业务全部登记入账。

(2)结账时,应当结出每个账户的期末余额。需要结出当月发生额的,应当在摘要栏内注明“本月合计”字样,并在下面通栏划单红线。需要结出本年累计发生额的,应当在摘要栏内注明“本年累计”字样,并在下面通栏划单红线;12 月末的“本年累计”就是全年累计发生额。全年累计发生额下面应当通栏划双红线。年度终了结账时,所有总账账户都应当结出全年发生额和年末余额。

(3)年度终了,要把各账户的余额结转到下一会计年度,并在摘要栏注明“结转下年”字样;在下一会计年度新建有关会计账簿的第一行余额栏内填写上年结转的余额,并在摘要栏注明“上年结转”字样。

四、实训资料

(1)【实训四】、【实训六】的记账凭证。

(2)【实训五】、【实训六】的账簿记录。

【实训八】 银行存款余额调节表

一、实训目的

为了保证公司登记的银行存款日记账与开户银行所登记的账目不会出现误差,需要编制银行存款余额调节表。银行存款余额调节表的编制实际上就是一项将银行存款日记账上的记录与银行对账单上的记录相核对,找出差异,分析原因的对账过程。通过本项目实训使学生掌握银行余额调节表的编制方法。

二、实训要求

银行存款余额调节表的编制,是银行存款清查结果的一种处理方式。在编制该表的过程中主要按以下几点要求来完成:

(1)首先检查本单位银行存款日记账的正确性和完整性。

(2)将银行提供的对账单与本单位的日记账逐笔核对。

(3)寻找出现账实不相符的原因。

(4)如出现账实不相符的原因是由于未达账项造成的,即需要编制银行存款余额调节表中。

(5)进一步查找未达账项出现的几种情况。

(6)将未达账项的数据填入银行存款余额调节表。

(7)核对调节后的单位日记账余额与银行对账单余额是否相等,如果相等,则该实训编制完成。

三、实训指导

(1)将本单位银行存款日记账与银行对账单进行核对。

(2)在核对不相符的情况下,如果是由于未达账项造成的,则需要对未达账项出现的几种情况进行分类。

(3)分析未达账项出现的原因。任何一项未达账项都会使单位和银行的账簿记录不一致。

(4)将查出的未达账项编制银行存款余额调节表。

四、实训资料

哈尔滨宏鹏电子有限公司2007年末银行存款日记账余额为328,000元,银行对账单余额为368,000元。经核查,发现有下列未达账项:

30日,自来水公司委托银行收取的水费5,000元,银行已划出,企业尚未入账。

30 日,公司送存转账支票 8,000 元,银行尚未入账。

31 日,公司签发转账支票 12,000 元支付运费,运输公司尚未送存银行。

31 日,公司委托银行收取的货款 35,000 元,银行已收妥入账,企业尚未收到收账通知。

31 日,公司汇出的货款 6,000 元,企业已入账,而银行尚未入账。

要求:根据以上资料编制银行存款余额调节表。

项目	金额	项目	金额
银行对账单		企业银行存款日记账	
加:		加:	
减		减:	
调节后余额		调节后余额	

【实训九】 编制资产负债表

资产负债表是指反映企业在某一特定日期财务状况的会计报表。它反映企业在某一特定日期所拥有或控制的经济资源、所承担的现时义务和所有者对净资产的要求权。在我国,资产负债表采用账户式结构,报表分为左右两方,左方列示资产各项目,反映全部资产的分布及存在形态;右方列示负债和所有者权益各项目,反映全部负债和所有者权益的内容及构成情况。资产负债表左右双方平衡,资产总计等于负债和所有者权益总计,即“资产 = 负债 + 所有者权益”。

一、实训目的

为了充分发挥会计报表的作用,保证会计报表的质量,编制会计报表应做到数字真实、计算准确、内容完整、报送及时。通过本实训使学生掌握资产负债表的编制方法。

二、实训要求

编制资产负债表。

三、实训指导

(一)资产负债表“年初余额”栏的填列方法

本表中的“年初余额”栏通常根据上年末有关项目的期末余额填列,且与上年末资产负债表“期末余额”栏相一致。

如果企业本年度资产负债表的各项目的名称和内容与上年不一致,应对上年年末资产负债表相关项目的名称和数字按照本年度的规定进行调整,填入“年初余额”栏。

(二)资产负债表“期末余额”栏的填列方法

1. 根据总账科目余额填列

(1)直接根据总账科目的余额填列。如“交易性金融资产”、“短期借款”、“应付票据”、“应付职工薪酬”、“实收资本”等项目。

(2)根据几个总账科目的余额计算填列。如“货币资金”项目,应根据“库存现金”、“银行存款”、“其他货币资金”三个总账科目的期末余额的合计数填列;“其他非流动资产”、“其他流动负债”项目,应根据有关科目的期末余额分析填列。

2. 根据明细账科目余额计算填列

如“应付账款”项目,需要分别根据“应付账款”和“预付账款”科目所属明细科目的期末贷方余额合计数填列。“预收款项”项目,需要分别根据“应收账款”和“预收账款”科目所属明细科目的期末贷方余额合计数填列。

3. 根据总账科目和明细账科目余额分析计算填列

“长期借款”项目,应根据“长期借款”总账科目余额扣除“长期借款”科目所属的明细科目中将在资产负债表日起一年内到期且企业不能自主地将清偿义务展期的长期借款后的金额计算填列;“长期待摊费用”项目,应根据“长期待摊费用”科目的期末余额减去将于一年内(含一年)摊销的数额后的金额填列;“其他非流动负债”项目,应根据有关科目的期末余额减去将于一年内(含一年)到期偿还数后的金额填列。

4. 根据总账科目与其备抵科目抵消后的净额填列

如资产负债表中的“应收账款”、“长期股权投资”等项目,应根据“应收账款”、“长期股权投资”等科目的期末余额减去“坏账准备”、“长期股权投资减值准备”等科目余额后的净额填列;“固定资产”项目,应根据“固定资产”科目期末余额减去“累计折旧”、“固定资产减值准备”科目余额后的净额填列;“无形资产”项目,应根据“无形资产”科目期末余额减去“累计摊销”、“无形资产减值准备”科目余额后的净额填列。

注意:我国《企业会计准则》规定,需要计提的资产减值准备的包括:坏账准备、存货跌价准备、长期股权投资减值准备、固定资产减值准备、无形资产减值准备、在建工程减值准备、投资性房地产减值准备、商誉减值准备、生产性生物资产减值准备。

5. 综合运用上述填列方法分析填列

如“应收票据”、“应收利息”、“应收股利”、“其他应收款”项目,应根据相关科目的期末余额,减去“坏账准备”科目中有关坏账准备期末余额后的金额填列;“应收账款”项目,应根据“应收账款”和“预收账款”科目所属各明细科目的期末借方余额合计数,减去“坏账准备”科目中有关应收账款计提的坏账准备期余额后的金额填列。

（三）资产负债表各项目的填列方法

1.资产项目的具体填列说明

(1)“货币资金”项目,反映企业库存现金、银行结算户存款、外埠存款、银行汇票存款、银行本票存款、信用卡存款、信用证保证金存款等的合计数。本项目应根据“库存现金”、“银行存款”、“其他货币资金”科目期末余额的合计数填列。

(2)“交易性金融资产”项目,反映企业持有的以公允价值计量且其变动计入当期损益的为交易目的所持有的债券投资、股票投资、基金投资、权证投资等金融资产。本项目应当根据“交易性金融资产”科目的期末余额填列。

(3)“应收票据”项目,反映企业因销售商品、提供劳务等而收到的商业汇票,包括银行承兑汇票和商业承兑汇票。本项目应根据“应收票据”科目的期末余额,减去“坏账准备”科目中有关应收票据计提的坏账准备期末余额后的金额填列。

(4)“应收账款”项目,反映企业因销售商品、提供劳务等经营活动应收取的款项。本项目应根据“应收账款”和“预收账款”科目所属各明细科目的期末借方余额合计减去“坏账准备”科目中有关应收账款计提的坏账准备期末余额后的金额填列。

(5)“预付款项”项目,反映企业按照购货合同规定预付给供应单位的款项等。本项目应根据“预付账款”和“应付账款”科目所属各明细科目的期末借方余额合计数,减去“坏账准备”科目中有关预付款项计提的坏账准备期末余额后的金额填列。

(6)“应收利息”项目,反映企业应收取的债券投资等的利息。本项目应根据“应收利息”科目的期末余额,减去“坏账准备”科目中有关应收利息计提的坏账准备期末余额后的金额填列。

(7)“应收股利”项目,反映企业应收取的现金股利和应收取其他单位分配的利润。本项目应根据“应收股利”科目的期末余额,减去“坏账准备”科目中有关应收股利计提的坏账准备期末余额后的金额填列。

(8)“其他应收款”项目,反映企业除应收票据、应收账款、预付账款、应收股利、应收利息等经营活动以外的其他各种应收、暂付的款项。本项目应根据“其他应收款”科目的期末余额,减去“坏账准备”科目中有关其他应收款计提的坏账准备期末余额后的金额填列。

(9)“存货”项目,反映企业期末在库、在途和在加工中的各种存货的可变现净值。本项目应根据“材料采购”、“原材料”、“库存商品”、“周转材料”、“委托加工物资”、“委托代销商品”、“生产成本”等科目的期末余额合计,减去“受托代销商品款”、“存货跌价准备”科目期末余额后的金额填列,材料采用计划成本核算,以及库存商品采用计划成本核算或售价核算的企业,还应按加或减材料成本差异、商品进销差价后的金额填列。

(10)“一年内到期的非流动资产”项目,反映企业将于一年内到期的非流动资产项目金额。本项目应根据有关科目的期末余额填列。

下面资产项目为非流动资产项目:

(11)“长期股权投资”项目,反映企业持有的对子公司、联营企业和合营企业的长期股权投资。本项目应根据“长期股权投资”科目的期末余额,减去“长期股权投资减值准备”科目的期末余额后的金额填列。

(12)“固定资产”项目,反映企业各种固定资产原价减去累计折旧和累计减值准备后的净额。本项目应根据“固定资产”科目的期末余额,减去“累计折旧”和“固定资产减值准备”科目期末余额后的金额填列。

(13)“在建工程”项目,反映企业期末各项未完工程的实际支出,包括交付安装的设备价值、未完建筑安装工程已经耗用的材料、工资和费用支出、预付出包工程的价款等的可收回金额。本项目应根据“在建工程”科目的期末余额,减去“在建工程减值准备”科目期末余额后的金额填列。

(14)“工程物资”项目,反映企业尚未使用的各项工程物资的实际成本。本项目应根据“工程物资”科目的期末余额填列。

(15)“固定资产清理”项目,反映企业因出售、毁损、报废等原因转入清理但尚未清理完毕的固定资产的净值,以及固定资产清理过程中所发生的清理费用和变价收入等各项金额的差额。本项目应根据“固定资产清理”科目的期末借方余额填列,如“固定资产清理”科目期末为贷方余额,以“-”号填列。

(16)“无形资产”项目,反映企业持有的无形资产,包括专利权、非专利技术、商标权、著作权、土地使用权等。本项目应根据“无形资产”的期末余额,减去“累计摊销”和“无形资产减值准备”科目期末余额后的金额填列。

(17)“开发支出”项目,反映企业开发无形资产过程中能够资本化形成无形资产成本的支出部分。本项目应当根据“研发支出”科目中所属的“资本化支出”明细科目期末余额填列。

(18)“长期待摊费用”项目,反映企业已经发生但应由本期和以后各期负担的分摊期限在一年以上的各项费用。长期待摊费用中在一年内(含一年)摊销的部分,在资产负债表“一年内到期的非流动资产”项目填列。本项目应根据“长期待摊费用”科目的期末余额减去将于一年内(含一年)摊销的数额后的金额填列。

(19)“其他非流动资产”项目,反映企业除长期股权投资、固定资产、在建工程、工程物资、无形资产等以外的其他非流动资产。本项目应根据有关科目的期末余额填列。

2. 负债项目的填列说明

(1)“短期借款”项目,反映企业向银行或其他金融机构等借入的期限在一年以下(含一年)的各种借款。本项目应根据“短期借款”科目的期末余额填列。

(2)“应付票据”项目,反映企业购买材料、商品和接受劳务供应等而开出、承兑的商业汇票,包括银行承兑汇票和商业承兑汇票。本项目应根据“应付票据”科目的期末余额填列。

(3)“应付账款”项目,反映企业因购买材料、商品和接受劳务供应等经营活动应支付的款项。本项目应根据“应付账款”和“预付账款”科目所属各明细科目的期末贷方余额合计数填列;如“应付账款”科目所属明细科目期末有借方余额的,应在资产负债表“预付款项”项目内填列。

(4)“预收款项”项目,反映企业按照购货合同规定预付给供应单位的款项。本项目应根据“预收账款”和“应收账款”科目所属各明细科目的期末贷方余额合计数填列。如“预收账款”科目所属各明细科目期末有借方余额,应在资产负债表“应收账款”项目内填列。

(5)“应付职工薪酬”项目,反映企业根据有关规定应付给职工的工资、职工福利、社会保险费、住房公积金、工会经费、职工教育经费、非货币性福利、辞退福利等各种薪酬。外商投资企业按规定从净利润中提取的职工奖励及福利基金,也在本项目列示。

(6)“应交税费”项目,反映企业按照税法规定计算应交纳的各种税费,包括增值税、消费税、营业税、所得税、资源税、土地增值税、城市维护建设税、房产税、土地使用税、车船使用税、教育费附加、矿产资源补偿费等。企业代扣代交的个人所得税,也通过本项目列示。企业所交纳的税金不需要预计应交数的,如印花税、耕地占用税等,不在本项目列示。本项目应根据“应交税费”科目的期末贷方余额填列,如“应交税费”科目期末为借方余额,应以“-”号填列。

(7)“应付利息”项目,反映企业按照规定应当支付的利息,包括分期付息到期还本的长期借款应支付的利息、企业发行的企业债券应支付的利息等。本项目应当根据“应付利息”科目的期末余额填列。

(8)“应付股利”项目,反映企业分配的现金股利或利润。企业分配的股票股利,不通过本项目列示。本项目应根据“应付股利”科目的期末余额填列。

(9)“其他应付款”项目,反映企业除应付票据、应付账款、预收款项、应付职工薪酬、应付股利、应付利息、应交税费等经营活动以外的其他各项应付、暂收的款项。本项目应根据“其他应付款”科目的期末余额填列。

(10)“一年内到期的非流动负债”项目,反映企业非流动负债中将于资产负债表日后一年内到期部分的金额,如将于一年内偿还的长期借款。本项目应根据有关科目的期末余额填列。

(11)“长期借款”项目,反映企业向银行或其他金融机构借入的期限在一年以上(不含一年)的各项借款。本项目应根据“长期借款”科目的期末余额填列。

(12)“应付债券”项目,反映企业为筹集长期资金而发行的债券本金和利息。本项目应根据“应付债券”科目的期末余额填列。

(13)“其他非流动负债”项目,反映企业除长期借款、应付债券等项目以外的其他非流动负债。本项目应根据有关科目的期末余额填列。

3. 所有者权益项目的填列说明

(1)“实收资本(或股本)”项目,反映企业各投资者实际投入的资本(或股本)总额。本项目应根据“实收资本”(或“股本”)科目的期末余额填列。

(2)“资本公积”项目,反映企业资本公积的期末余额。本项目应根据“资本公积”科目的期末余额填列。

(3)“盈余公积”项目,反映企业盈余公积的期末余额。本项目应根据“盈余公积”科目的期末余额填列。

(4)“未分配利润”项目,反映企业尚未分配的利润。本项目应根据“本年利润”科目和“利润分配”科目的余额计算填列。未弥补的亏损在本项目内以“-”号填列。

四、实训资料

哈尔滨宏鹏电子有限公司 2008 年 12 月 31 日的部分账户期末余额如下。根据期末余额编制资产负债表。

账户名称	期末金额(元)	账户名称	期末金额(元)
库存现金	5,000.00	短期借款	2,000,000.00
银行存款	2,000,000.00	应付账款	300,000.00
应收账款	250,000.00	应付职工薪酬	100,000.00
预付账款	10,000.00	应付利息	5,000.00
其他应收款	50,000.00	应交税费	20,000.00
原材料	50,000.00	其他应付款	1,000.00
库存商品	2,000,000.00	本年利润	2,520,000.00
生产成本	80,000.00	实收资本	3,000,000.00
周转材料	8,000.00	资本公积	62,000.00
固定资产	5,500,000.00	盈余公积	80,000.00
累计折旧	1,500,000.00	利润分配	400,000.00
在建工程	35,000.00		
合　　计	8,488,000.00	合　　计	8,488,000.00

资产负债表

会企 01 表

编制单位：　　　　　　　　　　年　　月　　日　　　　　　　　　　单位：元

资产	行次	年初数	期末数	负债和所有者权益（或股东权益）	行次	年初数	期末数
流动资产：	1			流动负债：	22		
货币资金	2			短期借款	23		
应收票据	3			应付账款	24		
应收股利	4			预收账款	25		
应收利息	5			应付工资	26		
应收账款	6			应付福利费	27		
其他应收款	7			应付股利	28		
预付账款	8			应交税金	29		
存货	9			其他应付款	30		
其他流动资产	10			一年内到期的长期负债	31		
流动资产合计	11			其他流动负债	32		
固定资产：	12			应付债券	33		
固定资产原价	13			长期应付款	34		
减：累计折旧	14			专项应付款	35		
固定资产净值	15			其他长期负债	36		
减：固定资产减值准备	16			长期负债合计	37		
在建工程	17			负债合计	38		
无形资产及其他资产：	18			实收资本（股本）	39		
其他长期资产	19			资本公积	40		
无形资产及其他资产合计	20			盈余公积	41		
				所有者权益（或股东权益）合计	42		
资产总计	21			负债和所有者权益（或股东权益）总计	43		

【实训十】 编制利润表

利润表,是反映企业在一定会计期间的经营成果的会计报表。利润表的列报必须充分反映企业经营业绩的主要来源和构成,有助于使用者判断净利润的质量及其风险,有助于使用者预测净利润的持续性,从而作出正确的决策。常见的利润表结构主要有单步式和多步式两种。在我国,企业利润表基本上采用多步式结构,即通过对当期的收入、费用、支出项目按性质加以归类,按利润形成的主要环节列示一些中间性利润指标,分步计算当期净损益。

一、实训目的

通过本实训要掌握利润表的编制方法。

二、实训要求

编制利润表。

三、实训指导

(一)利润表的编制步骤

企业的利润表分以下三个步骤编制:

(1)以营业收入为基础,减去营业成本、营业税金及附加、销售费用、管理费用、财务费用、资产减值损失,加上公允价值变动收益、投资收益,计算得出营业利润。

营业利润 =(营业收入 + 公允价值变动损益 + 投资收益)-(营业成本 + 营业税费 + 期间费用 + 资产减值损失)

(2)以营业利润为基础,加上营业外收入,减去营业外支出,计算出利润总额。

利润总额 =(营业利润 + 营业外收入)- 营业外支出

(3)以利润总额为基础,减去所得税费用,计算出净利润或净亏损。

普通股或潜在普通股已公开交易的企业以及正处于公开发行普通股或潜在普通股过程中的企业,还应当在利润表中列示每股收益信息,包括基本每股收益和稀释每股收益两项指标。

(二)利润表各项目的填列方法

我国利润表主体部分的各项目都列有“上期金额”和“本期金额”两个栏目。

上年度利润表与本年度利润表的项目名称和内容不一致的,应对上年度利润表项目的名称和数字按本年度的规定进行调整,年终结账时,由于全年的收入和支出已全部转入本年利润科目,并且通过收支对比结出本年净利润的数额,因此应将年度利润表中的净利润数字与本年利润科目结转到利润分配——未分配利润科目的数字相核对,以检查账簿记录和报表编制的正确性。

利润表“本期金额”、“上期金额”栏内各项数字除每股收益项目外,应当按照相关科目的发生额分析填列。具体规定如下:

(1)营业收入项目,反映企业经营主要业务和其他业务所确认的收入总额,本项目应根据“主营业务收入”和“其他业务收入”科目的发生额分析填列。

(2)营业成本项目,反映企业经营主要业务和其他业务所发生的成本总额,本项目应根据“主营业务成本”和“其他业务成本”科目的发生额分析填列。

(3)营业税金及附加项目,反映企业经营业务应负担的消费税、营业税、城市建设维护税、资源税、土地增值税和教育费附加等,本项目应根据“营业税金及附加”科目的发生额分析填列。

(4)销售费用项目,反映企业在销售商品过程中发生的包装费、广告费等费用和为销售本企业商品而专设的销售机构的职工薪酬业务费等经营费用,本项目应根据销售费用科目的发生额分析填列。

(5)管理费用项目,反映企业为组织和管理生产经营发生的管理费用,本项目应根据“管理费用”的发生额分析填列。

(6)财务费用项目,反映企业筹集生产经营所需资金等而发生的筹资费用,本项目应根据“财务费用”科目的发生额分析填列。

(7)资产减值损失项目,反映企业各项资产发生的减值损失,本项目应根据“资产减值损失”科目的发生额分析填列。

(8)公允价值变动收益项目,反映企业应当计入当期损益的资产或负债公允价值变动收益,本项目应根据“公允价值变动损益”科目的发生额分析填列,如果为净损失,本项目以负号填列。

(9)投资收益项目,反映企业以各种方式对外投资所取得的收益, 本项目应根据“投资收益”科目的发生额分析填列,如为投资损失本项目以负号填列。

(10)营业利润项目,反映企业实现的营业利润, 如为亏损本项目以负号填列。

(11)营业外收入项目,反映企业发生的与经营业务无直接关系的各项收入,本项目应根据“营业外收入”科目的发生额分析填列。

(12)营业外支出项目,反映企业发生的与经营业务无直接关系的各项支出,本项目应根据“营业外支出”科目的发生额分析填列。

(13)利润总额项目,反映企业实现的利润,如为亏损,本项目以负号填列。

(14)所得税费用项目,反映企业应从当期利润总额中扣除的所得税费用,本项目应根据“所得税费用”科目的发生额分析填列。

(15)净利润项目,反映企业实现的净利润,如为亏损,本项目以负号填列。

四、实训资料

哈尔滨宏鹏电子有限公司2008年度有关损益类科目本年累计发生净额如下表所示:

账户名称	结账前借方余额	账户名称	结账前贷方余额
主营业务成本	2,000,000	主营业务收入	3,600,000
营业税金及附加	180,000	其他业务收入	1,100,000
销售费用	150,000	投资收益	95,000
管理费用	450,000	营业外收入	750,000
财务费用	350,000		
其他业务成本	900,000		
营业外支出	650,000		

根据上述资料，编制哈尔滨宏鹏电子有限公司2008年度利润表。

利 润 表

会企02表

编制单位：　　　　　　　　　　年　　月　　　　　　　　　　单位：元

项 目	本期金额	上期金额
一、营业收入		
减：营业成本		
营业税金及附加		
销售费用		
管理费用		
财务费用		
资产减值损失		
加：公允价值变动损益（损失以我“－”号填列）		
投资收益（损失以我“－”号填列）		
二、营业利润		
加：营业外收入		
减：营业外支出		
三、利润总额		
减：所得税费用		
四、净利润		

附录一　参考答案

【实训二】

1. 借：库存现金　8，000
　　贷：银行存款　8，000
2. 借：银行存款　100，000
　　贷：实收资本　100，000
3. 借：银行存款　10，000
　　贷：短期借款　10，000
4. 借：管理费用　20
　　贷：库存现金　20
5. 借：其他应收款　5，000
　　贷：库存现金　5，000
6. 借：原材料　5，500
　　应交税费－应交增值税　850
　　贷：银行存款　6，350
7. 借：固定资产　12，300
　　应交税费－应交增值税　1，700
　　贷：银行存款　14，000
8. 借：材料采购　40，000
　　应交税费－应交增值税　6，800
　　贷：应付账款　46，800
9. 借：原材料　40，000
　　贷：材料采购　40，000
10. 借：生产成本－A　9，000
　　生产成本－B　5，000
　　制造费用　5500
　　贷：原材料－甲　12，500
　　原材料－乙　4，000
　　原材料－丙　3，000
11. 借：固定资产　40，000
　　贷：营业外收入　40，000
　借：管理费用　50
　　贷：库存现金　50
12. 借：管理费用　121
　　贷：库存现金　121
13. 借：库存现金　7，647
　　贷：原材料　7，647
14. 借：营业外支出　2，300
　　贷：银行存款　2，300
15. 借：待处理财产损益　1，000
　　贷：营业外收入　1，000
16. 借：管理费用　42
　　贷：库存现金　42
17. 借：资产减值损失　1，050
　　贷：坏账准备　1，050

【实训三】

1. 借：银行存款　100，000
　　贷：实收资本　100，000
2. 借：应付职工薪酬　36，000
　　贷：库存现金　36，000
3. 借：库存现金　36，000
　　贷：银行存款　36，000
4. 借：预付账款　6，000

贷：银行存款　6，000

5．借：材料采购　3，000
　　应交税费－应交增值税　510
　　贷：预付账款　3，510

6．借：其他应收款　5，000
　　贷：库存现金　5，000

7．借：银行存款　150，000
　　贷：应收账款　150，000

8．借：管理费用　1，200
　　贷：银行存款　1，200

9．借：应收票据　1，053，000
　　贷：主营业务收入　900，000
　　应交税费－应交增值税　153，000

10．借：应收账款　585，000
　　贷：主营业务收入　50，000
　　应交税费－应交增值税　8，500

11．借：银行存款　2，000，000
　　贷：实收资本　2，000，000

12．借：银行存款　30，000
　　贷：短期借款　30，000

13．借：材料采购　100，000
　　应交税费－应交增值税　17，000
　　贷：应付账款　117，000

14．借：材料采购　800
　　贷：银行存款　800

15．借：生产成本　40，000
　　制造费用　3，000
　　管理费用　600
　　贷：原材料　43，600

16．借：销售费用　90，000
　　贷：库存现金　90，000

17．借：应收账款　351，000
　　贷：主营业务收入　300，000
　　应交税费－应交增值税　51，000

18．借：管理费用　500
　　贷：库存现金　500

19．借：制造费用　6，000
　　管理费用　8，000
　　贷：累计折旧　14，000

20．借：生产成本　50，000
　　制造费用　3，000
　　管理费用　9，000
　　贷：应付职工薪酬　62，000

21．借：营业外支出　5，000
　　贷：库存现金　5，000

22．借：银行存款　1，200
　　贷：营业外收入　1，200

23．借：银行存款　5，000
　　贷：营业外收入　5，000

24．借：营业外支出　4，500
　　贷：银行存款　4，500

25．借：银行存款　60，000
　　贷：投资收益　60，000

26．借：银行存款　3，500
　　贷：其他业务收入　3，500

借：其他业务成本　3，000
　　贷：原材料　3，000

27．借：主营业务收入　1，000，000
　　其他业务收入　3，500
　　营业外收入　6，200
　　投资收益　60，000
　　贷：本年利润　1，069，700

28．借：本年利润　722，300
　　贷：主营业务成本　550，000

营业税金及附加　80，000

销售费用　10，000

其他业务成本　3，000

营业外支出　9，500

管理费用　65，000

财务费用　4，800

29. 借：所得税费用　27，500

贷：应交税费－应交所得税　27，500

30. 借：本年利润　27，500

贷：所得税费用　27，500

附录二 中国现行企业会计准则一览表

2006 – 2 – 15 财政部令第 33 号 · 企业会计准则——基本准则（2006）
2006 – 2 – 15 财会［2006］3 号 · 企业会计准则第 1 号——存货（2006）
2006 – 2 – 15 财会［2006］3 号 · 企业会计准则第 2 号——长期股权投资（2006）
2006 – 2 – 15 财会［2006］3 号 · 企业会计准则第 3 号——投资性房地产（2006）
2006 – 2 – 15 财会［2006］3 号 · 企业会计准则第 4 号——固定资产（2006）
2006 – 2 – 15 财会［2006］3 号 · 企业会计准则第 5 号——生物资产（2006）
2006 – 2 – 15 财会［2006］3 号 · 企业会计准则第 6 号——无形资产（2006）
2006 – 2 – 15 财会［2006］3 号 · 企业会计准则第 7 号——非货币性资产交换（2006）
2006 – 2 – 15 财会［2006］3 号 · 企业会计准则第 8 号——资产减值（2006）
2006 – 2 – 15 财会［2006］3 号 · 企业会计准则第 9 号——职工薪酬（2006）
2006 – 2 – 15 财会［2006］3 号 · 企业会计准则第 10 号——企业年金基金（2006）
2006 – 2 – 15 财会［2006］3 号 · 企业会计准则第 11 号——股份支付（2006）
2006 – 2 – 15 财会［2006］3 号 · 企业会计准则第 12 号——债务重组（2006）
2006 – 2 – 15 财会［2006］3 号 · 企业会计准则第 13 号——或有事项（2006）
2006 – 2 – 15 财会［2006］3 号 · 企业会计准则第 14 号——收入（2006）
2006 – 2 – 15 财会［2006］3 号 · 企业会计准则第 15 号——建造合同（2006）
2006 – 2 – 15 财会［2006］3 号 · 企业会计准则第 16 号——政府补助（2006）
2006 – 2 – 15 财会［2006］3 号 · 企业会计准则第 17 号——借款费用（2006）
2006 – 2 – 15 财会［2006］3 号 · 企业会计准则第 18 号——所得税（2006）
2006 – 2 – 15 财会［2006］3 号 · 企业会计准则第 19 号——外币折算（2006）
2006 – 2 – 15 财会［2006］3 号 · 企业会计准则第 20 号——企业合并（2006）
2006 – 2 – 15 财会［2006］3 号 · 企业会计准则第 21 号——租赁（2006）
2006 – 2 – 15 财会［2006］3 号 · 企业会计准则第 22 号——金融工具确认和计量（2006）
2006 – 2 – 15 财会［2006］3 号 · 企业会计准则第 23 号——金融资产转移（2006）
2006 – 02 – 15 财会［2006］3 号 · 企业会计准则第 24 号——套期保值（2006）
2006 – 02 – 15 财会［2006］3 号 · 企业会计准则第 25 号——原保险合同（2006）

2006－02－15 财会［2006］3 号 · 企业会计准则第 26 号——再保险合同（2006）
2006－02－15 财会［2006］3 号 · 企业会计准则第 27 号——石油天然气开采（2006）
2006－02－15 财会［2006］3 号 · 企业会计准则第 28 号——会计政策、会计估计变更和差错更正（2006）
2006－02－15 财会［2006］3 号 · 企业会计准则第 29 号——资产负债表日后事项（2006）
2006－02－15 财会［2006］3 号 · 企业会计准则第 30 号——财务报表列报（2006）
2006－02－15 财会［2006］3 号 · 企业会计准则第 31 号——现金流量表（2006）
2006－02－15 财会［2006］3 号 · 企业会计准则第 32 号——中期财务报告（2006）
2006－02－15 财会［2006］3 号 · 企业会计准则第 33 号——合并财务报表（2006）
2006－02－15 财会［2006］3 号 · 企业会计准则第 34 号——每股收益（2006）
2006－02－15 财会［2006］3 号 · 企业会计准则第 35 号——分部报告（2006）
2006－02－15 财会［2006］3 号 · 企业会计准则第 36 号——关联方披露（2006）
2006－02－15 财会［2006］3 号 · 企业会计准则第 37 号——金融工具列报（2006）
2006－02－15 财会［2006］3 号 · 企业会计准则第 38 号——首次执行企业会计准则（2006）

附录三　企业会计准则应用指南附录中规定的会计科目

顺序号	编号	会计科目名称	会计科目适用范围说明
		一、资产类	
1	1001	现金	
2	1002	银行存款	
3	1003	存放中央银行款项	银行专用
4	1011	存放同业	银行专用
5	1015	其他货币资金	
6	1021	结算备付金	证券专用
7	1031	存出保证金	金融共用
8	1051	拆出资金	金融共用
9	1101	交易性金融资产	
10	1111	买入返售金融资产	金融共用
11	1121	应收票据	
12	1122	应收账款	
13	1123	预付账款	
14	1131	应收股利	
15	1132	应收利息	
16	1211	应收保户储金	保险专用
17	1221	应收代位追偿款	保险专用

续表

顺序号	编号	会计科目名称	会计科目适用范围说明
18	1222	应收分保账款	保险专用
19	1223	应收分保未到期责任准备金	保险专用
20	1224	应收分保保险责任准备金	保险专用
21	1231	其他应收款	
22	1241	坏账准备	
23	1251	贴现资产	银行专用
24	1301	贷款	银行和保险共用
25	1302	贷款损失准备	银行和保险共用
26	1311	代理兑付证券	银行和证券共用
27	1321	代理业务资产	
28	1401	材料采购	
29	1402	在途物资	
30	1403	原材料	
31	1404	材料成本差异	
32	1406	库存商品	
33	1407	发出商品	
34	1410	商品进销差价	
35	1411	委托加工物资	
36	1412	包装物及低值易耗品	
37	1421	消耗性生物资产	农业专用
38	1431	周转材料建造	承包商专用

续表

顺序号	编号	会计科目名称	会计科目适用范围说明
39	1441	贵金属	银行专用
40	1442	抵债资产	金融共用
41	1451	损余物资	保险专用
42	1461	存货跌价准备	
43	1501	待摊费用	
44	1511	独立账户资产	保险专用
45	1521	持有至到期投资	
46	1522	持有至到期投资减值准备	
47	1523	可供出售金融资产	
48	1524	长期股权投资	
49	1525	长期股权投资减值准备	
50	1526	投资性房地产	
51	1531	长期应收款	
52	1541	未实现融资收益	
53	1551	存出资本保证金	保险专用
54	1601	固定资产	
55	1602	累计折旧	
56	1603	固定资产减值准备	
57	1604	在建工程	
58	1605	工程物资	
59	1606	固定资产清理	

续表

顺序号	编号	会计科目名称	会计科目适用范围说明
60	1611	融资租赁资产	租赁专用
61	1612	未担保余值租赁专用	
62	1621	生产性生物资产	农业专用
63	1622	生产性生物资产累计折旧	农业专用
64	1623	公益性生物资产	农业专用
65	1631	油气资产	石油天然气开采专用
66	1632	累计折耗	石油天然气开采专用
67	1701	无形资产	
68	1702	累计摊销	
69	1703	无形资产减值准备	
70	1711	商誉	
71	1801	长期待摊费用	
72	1811	递延所得税资产	
73	1901	待处理财产损溢	
		二、负债类	
74	2001	短期借款	
75	2002	存入保证金	金融共用
76	2003	拆入资金金融共用	
77	2004	向中央银行借款	银行专用
78	2011	同业存放	银行专用
79	2012	吸收存款	银行专用

续表

顺序号	编号	会计科目名称	会计科目适用范围说明
80	2021	贴现负债	银行专用
81	2101	交易性金融负债	
82	2111	卖出回购金融资产款	金融共用
83	2201	应付票据	
84	2202	应付账款	
85	2205	预收账款	
86	2211	应付职工薪酬	
87	2221	应交税费	
88	2231	应付股利	
89	2232	应付利息	
90	2241	其他应付款	
91	2251	应付保户红利	保险专用
92	2261	应付分保账款	
93	2311	代理买卖证券款	证券专用
94	2312	代理承销证券款	证券和银行共用
95	2313	代理兑付证券款	证券和银行共用
96	2314	代理业务负债	
97	2401	预提费用	
98	2411	预计负债	
99	2501	递延收益	
100	2601	长期借款	

续表

顺序号	编号	会计科目名称	会计科目适用范围说明
101	2602	长期债券	
102	2701	未到期责任准备	金保险专用
103	2702	保险责任准备金	金保险专用
104	2711	保户储金	金保险专用
105	2721	独立账户负债	金保险专用
106	2801	长期应付款	
107	2802	未确认融资费用	
108	2811	专项应付款	
109	2901	递延所得税负债	
		三、共同类	
110	3001	清算资金往来	银行专用
111	3002	外汇买卖	金融共用
112	3101	衍生工具	
113	3201	套期工具	
114	3202	被套期项目	
		四、所有者权益类	
115	4001	实收资本	
116	4002	资本公积	
117	4101	盈余公积	
118	4102	一般风险准备	金融共用
119	4103	本年利润	

续表

顺序号	编号	会计科目名称	会计科目适用范围说明
120	4104	利润分配	
121	4201	库存股	
		五、成本类	
122	5001	生产成本	
123	5101	制造费用	
124	5201	劳务成本	
125	5301	研发支出	
126	5401	工程施工	建造承包商专用
127	5402	工程结算	
128	5403	机械作业	
		六、损益类	
129	6001	主营业务收入	
130	6011	利息收入	金融共用
131	6021	手续费收入	金融共用
132	6031	保费收入	保险专用
133	6032	分保费收入	保险专用
134	6041	租赁收入	租赁专用
135	6051	其他业务收入	
136	6061	汇兑损益	金融专用
137	6101	公允价值变动损益	
138	6111	投资收益	

续表

顺序号	编号	会计科目名称	会计科目适用范围说明
139	6201	摊回保险责任准备金	保险专用
140	6202	摊回赔付支出	保险专用
141	6203	摊回分保费用	保险专用
142	6301	营业外收入	
143	6401	主营业务成本	
144	6402	其他业务支出	
145	6405	营业税金及附加	
146	6411	利息支出	金融共用
147	6421	手续费支出	金融共用
148	6501	提取未到期责任准备金	保险专用
149	6502	提取保险责任准备金	保险专用
150	6511	赔付支出	保险专用
151	6521	保户红利支出	保险专用
152	6531	退保金	保险专用
153	6541	分出保费	保险专用
154	6542	分保费用	保险专用
155	6601	销售费用	
156	6602	管理费用	
157	6603	财务费用	
158	6604	勘探费用	
159	6701	资产减值损失	

续表

顺序号	编号	会计科目名称	会计科目适用范围说明
160	6711	营业外支出	
161	6801	所得税	
162	6901	以前年度损益调整	

参考文献

[1] 邬展霞．基础会计模拟实训教程［M］．上海：上海财经大学出版社，2009.

[2] 朱晴，徐丽军．基础会计模拟实验［M］．北京：科学出版社，2009.

[3] 李祖爱．会计模拟实验（操作）指南［M］．上海：上海财经大学出版社，2008.

[4] 徐淑芬．基础会计模拟技能训练［M］．北京：中国纺织出版社，2008.

[5] 中华人民共和国财政部．企业会计准则——应用指南［M］．北京：中国财政经济出版社，2006.

[6] 张捷．基础会计学［M］．北京：科学出版社，2008.

[7] 朱小英．基础会计［M］．上海：上海财经大学出版社，2007.